Stefan Henneken

ANWENDUNG DER **SOLID**-PRINZIPIEN MIT DER **IEC 61131-3**

5 Prinzipien für objektorientiertes Softwaredesign
in der SPS-Programmierung

Impressum

Bibliografische Information der Deutschen Nationalbibliothek:
Die Deutsche Nationalbibliothek verzeichnet diese Publikation in der Deutschen Nationalbibliografie; detaillierte bibliografische Daten sind im Internet über http://dnb.dnb.de abrufbar.

© 2023 Stefan Henneken (https://StefanHenneken.net)

2. leicht überarbeitete Auflage November 2023

Herstellung und Verlag: BoD – Books on Demand, Norderstedt

ISBN: 978-3-7347-4685-7

1 Inhaltsverzeichnis

2 Vorwort 3

3 SOLID - Fünf Grundsätze für bessere Software 4

    3.1 Single Responsibility Principle (SRP) 5

    3.2 Open/Closed Principle (OCP) 5

    3.3 Liskov Substitution Principle (LSP) 5

    3.4 Interface Segregation Principle (ISP) 6

    3.5 Dependency Inversion Principle (DIP) 6

4 Das Dependency Inversion Principle 7

    4.1 Ausgangssituation 7

    4.2 Analyse der Implementierung 14

    4.3 Optimierung der Implementierung 16

    4.4 Analyse der Optimierung 20

    4.5 Die Definition des Dependency Inversion Principle 22

    4.6 Zusammenfassung 23

5 Das Single Responsibility Principle 25

    5.1 Ausgangssituation 25

    5.2 Analyse der Implementierung 26

    5.3 Optimierung der Implementierung 27

    5.4 Analyse der Optimierung 29

    5.5 Class Responsibility Collaboration (CRC) 31

    5.6 Die Definition des Single Responsibility Principle 35

    5.7 Zusammenfassung 36

6 Das Liskov Substitution Principle 38

    6.1 Ausgangssituation 38

Inhaltsverzeichnis

6.2	Erweiterung der Implementierung	39
6.3	Optimierung der Erweiterungen	39
6.4	Analyse der Optimierung	48
6.5	Die Definition des Liskov Substitution Principle	48
6.6	Zusammenfassung	49
7	Das Interface Segregation Principle	50
7.1	Ausgangssituation	50
7.2	Erweiterung der Implementierung	51
7.3	Analyse der Optimierung	57
7.4	Die Definition des Interface Segregation Principle	58
7.5	Zusammenfassung	59
8	Das Open/Closed Principle	60
8.1	Ausgangssituation	60
8.2	Erweiterung der Implementierung	62
8.3	Analyse der Optimierung	71
8.4	Die Definition des Open/Closed Principle	72
8.5	Zusammenfassung	73
9	Weitere Prinzipien	74
9.1	Don't Repeat Yourself (DRY)	74
9.2	Law Of Demeter (LoD)	76
9.3	Keep It Simple, Stupid (KISS)	83
9.4	You Ain't Gonna Need It (YAGNI)	88
10	Stichwortverzeichnis	90

2 Vorwort

Die SOLID-Prinzipien sind ein wesentlicher Bestandteil der objektorientierten Softwareentwicklung und haben sich als wertvolle Werkzeuge erwiesen, um sauberen, wartbaren und erweiterbaren Code zu entwickeln. In der industriellen Automatisierungstechnik, insbesondere in der Programmierung von Steuerungen mit IEC 61131-3, ist es von besonderer Bedeutung, robuste und zuverlässige Systeme zu entwickeln.

In diesem Buch werden die SOLID-Prinzipien im Detail vorgestellt und anhand von Beispielen in IEC 61131-3 erläutert. Es wird auch verdeutlicht, wie durch die Anwendung dieser Prinzipien die Wartbarkeit, die Erweiterbarkeit und die Zuverlässigkeit von Softwaresystemen verbessert wird.

Zusätzlich zu den SOLID-Prinzipien werden auch die Prinzipien KISS, DRY, LoD und YAGNI vorgestellt. Diese zählen zwar nicht zu der Gruppe der SOLID-Prinzipien, sind zu diesen aber eine hilfreiche Ergänzung.

Ich hoffe, dass dieses Buch für alle, die in der industriellen Automatisierungstechnik tätig sind, von Nutzen sein wird und dass es Ihnen dabei helfen kann, bessere und zuverlässigere Systeme zu entwickeln. Vielen Dank, dass Sie sich für unser Buch entschieden haben und viel Erfolg bei der Anwendung der SOLID-Prinzipien in Ihrer Arbeit!

Stefan Henneken

3 SOLID - Fünf Grundsätze für bessere Software

Neben der Syntax einer Programmiersprache und dem Verständnis der wichtigsten Bibliotheken und Frameworks, gehören weiterer Methodiken – wie zum Beispiel Design Pattern – zu den Grundlagen der Softwareentwicklung. Neben den Design Pattern sind Designprinzipien ebenfalls ein hilfreiches Werkzeug bei der Entwicklung von Software. SOLID ist ein Akronym für fünf solcher Designprinzipien, die dem Entwickler dabei unterstützen Software verständlicher, flexibler und wartbarer zu entwerfen.

In größeren Softwareprojekten existiert eine Vielzahl von Funktionsblöcken, die über Vererbung und Referenzen miteinander in Verbindung stehen. Durch die Aufrufe der Funktionsblöcke und deren Methoden agieren diese Einheiten untereinander. Dieses Zusammenspiel der Codeeinheiten, kann bei falschem Design das Erweitern oder Auffinden von Fehlern unnötig erschweren. Für die Entwicklung von nachhaltiger Software sollten die Funktionsblöcke so modelliert werden, damit diese einfach zu erweitern sind.

Viele Design Pattern wenden die SOLID-Prinzipien an, um für die jeweilige Aufgabenstellung einen Architekturansatz vorzuschlagen. Die SOLID-Prinzipien sind auch nicht als Regeln zu verstehen, sondern mehr als Ratschläge. Sie sind eine Untermenge vieler Prinzipien, die der amerikanische Software-Ingenieur und Dozent Robert C. Martin (auch bekannt als Uncle Bob) in seinem Buch *Clean Architecture: Das Praxis-Handbuch für professionelles Softwaredesign* vorgestellt hat. Die SOLID-Prinzipien sind im Einzelnen:

- **S**ingle Responsibility Principle (SRP)
- **O**pen/Closed Principle (OCP)
- **L**iskov Substitution Principle (LSP)
- **I**nterface Segregation Principle (ISP)
- **D**ependency Inversion Principle (DIP)

Die hier gezeigten Prinzipien sind Hinweise, die es einem Entwickler erleichtert die Codequalität zu verbessern. Der Aufwand amortisiert sich nach kurzer Zeit, da Änderungen einfacher, Tests und Fehlersuche beschleunigt werden. Somit sollte das Wissen über diese fünf Designprinzipien zur Basis eines jeden Softwareentwicklers gehören.

3.1 Single Responsibility Principle (SRP)

Ein Funktionsblock sollte nur eine einzige Verantwortung haben. Wird die Funktionalität eines Programms geändert, sollte dieses nur Auswirkungen auf wenige Funktionsblöcke haben. Viele kleine Funktionsblöcke, sind besser als wenige große. Der Code wirkt auf dem ersten Blick zwar umfangreicher, ist dadurch aber einfacher zu organisieren. Ein Programm mit vielen kleineren Funktionsblöcken, für jeweils spezielle Aufgaben, ist einfacher zu pflegen, als wenige große Funktionsblöcke, die den Anspruch erheben, alles zu können.

3.2 Open/Closed Principle (OCP)

Nach dem *Open/Closed Principle* sollten Funktionsblöcke offen für Erweiterungen, aber geschlossen für Änderungen sein. Die Umsetzung von Erweiterungen sollte nur durch Hinzufügen von Code, nicht durch Ändern von vorhandenen Code erreicht werden. Ein gutes Beispiel für dieses Prinzip ist die Vererbung. Ein neuer Funktionsblock erbt von einem schon vorhandenen Funktionsblock. Neue Funktionen können so hinzugefügt werden, ohne den vorhanden Funktionsblock verändern zu müssen. Es muss nicht einmal der Programmcode vorliegen.

3.3 Liskov Substitution Principle (LSP)

Das *Liskov Substitution Principle* fordert, dass abgeleitete Funktionsblöcke immer anstelle ihrer Basis-FBs einsetzbar sein müssen. Abgeleitete FBs müssen sich so verhalten wie ihr Basis-FB. Ein abgeleiteter FB darf den Basis-FB erweitern, aber nicht einschränken.

3.4 Interface Segregation Principle (ISP)

Viele kundenspezifische Schnittstellen sind besser als eine Universalschnittstelle. Eine Schnittstelle darf demnach nur die Funktionen enthalten, die auch wirklich eng zusammengehören. Durch umfangreiche Schnittstellen entstehen Kopplungen zwischen ansonsten unabhängigen Programmteilen. Somit hat das *Interface Segregation Principle*, ein ähnliches Ziel wie das *Single Responsibility Principle*. Allerdings gibt es bei der Umsetzung dieser beiden Prinzipien unterschiedliche Ansätze.

3.5 Dependency Inversion Principle (DIP)

Funktionsblöcke sind häufig linear in einer Richtung voneinander abhängig. Ein Funktionsblock für das Loggen von Meldungen, ruft Methoden eines anderen Funktionsblocks auf, um Daten in eine Datenbank zu schreiben. Zwischen dem Funktionsblock für das Loggen und dem Funktionsblock für den Zugriff auf die Datenbank besteht eine feste Abhängigkeit. Das Prinzip der Abhängigkeitsinversion löst diese feste Abhängigkeit auf, indem eine gemeinsame Schnittstelle definiert wird. Diese wird von dem Baustein für die Datenbankzugriffe implementiert.

In den folgenden Kapiteln werde ich die einzelnen SOLID-Prinzipen genauer vorstellen und versuchen diese anhand eines Beispiels zu erläutern. Mit jedem SOLID-Prinzip werde ich versuchen das Programm weiter zu optimieren.

4 Das Dependency Inversion Principle

Feste Abhängigkeiten sind einer der Hauptursache für schlecht wartbare Software. Natürlich können nicht alle Funktionsblöcke völlig unabhängig von anderen Funktionsblöcken existieren. Schließlich agieren diese miteinander und stehen somit untereinander in Beziehungen. Durch das Anwenden des *Dependency Inversion Principle* können diese Abhängigkeiten aber minimiert werden. Änderungen lassen sich somit schneller umsetzen.

An einem einfachen Beispiel werde ich zeigen, wie negative Kopplungen zwischen Funktionsblöcken entstehen können. Anschließend werde ich mit Hilfe des *Dependency Inversion Principle* diese Abhängigkeiten auflösen.

4.1 Ausgangssituation

Das Beispiel enthält drei Funktionsblöcke, welche jeweils unterschiedliche Lampen ansteuern. Während `FB_LampOnOff` nur eine Lampe ein- und ausschalten kann, kann `FB_LampSetDirect` den Ausgangswert direkt auf einen Wert von 0 % bis 100 % setzen. Der dritte Baustein (`FB_LampUpDown`) ist nur in der Lage die Lampe durch die Methoden `OneStepDown()` und `OneStepUp()` um jeweils 1 % relativ zu dimmen. Die Methode `OnOff()` setzt den Ausgangswert unmittelbar auf 100 % bzw. 0 %.

Die Ansteuerung dieser drei Funktionsblöcke übernimmt `FB_Controller`. Von jedem Lampentyp wird in `FB_Controller` eine Instanz instanziiert.

Das Dependency Inversion Principle

Über die Eigenschaft `eActiveLamp` vom Typ `E_LampType` wird die gewünschte Lampe ausgewählt:

```
TYPE E_LampType :
(
   Unknown     := -1,
   SetDirect   := 0,
   OnOff       := 1,
   UpDown      := 2
) := Unknown;
END_TYPE
```

`FB_Controller` besitzt für die Ansteuerung der unterschiedlichen Lampentypen wiederum entsprechende Methoden. Die Methoden `DimDown()` und `DimmUp()` dimmen die ausgewählte Lampe jeweils um 5 % nach oben bzw. 5 % nach unten. Während die Methoden `On()` und `Off()` die Lampe direkt ein- oder ausschaltet.

Für die Übermittlung der Ausgangsgröße zwischen dem Controller und der ausgewählten Lampe, wird das *Observer Pattern*[1] verwendet. Der Controller enthält hierzu eine Instanz von `FB_AnalogValue`. `FB_AnalogValue` implementiert die Schnittstelle `I_Observer` mit der Methode `Update()`, während die drei Funktionsblöcke für die Lampen die Schnittstelle `I_Subject` implementieren. Über die Methode `Attach()` erhält jeder Lampenbaustein einen Interface-Pointer auf die Schnittstelle `I_Observer` von `FB_AnalogValue`. Ändert sich in einem der drei Lampenbausteinen der Ausgangswert, so wird über die Methode `Update()` von der Schnittstelle `I_Observer` der neue Wert an `FB_AnalogValue` übermittelt.

---

[1] https://StefanHenneken.net/2018/03/26/iec-61131-3-das-observer-pattern

Das Dependency Inversion Principle

Unser Beispiel besteht bis jetzt aus den folgenden Akteuren:

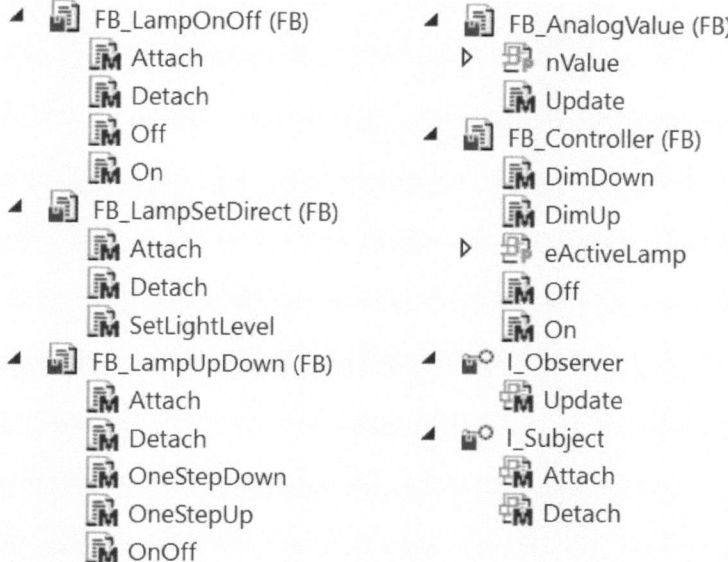

Das UML-Diagramm zeigt die Zusammenhänge der jeweiligen Elemente untereinander:

Das Dependency Inversion Principle

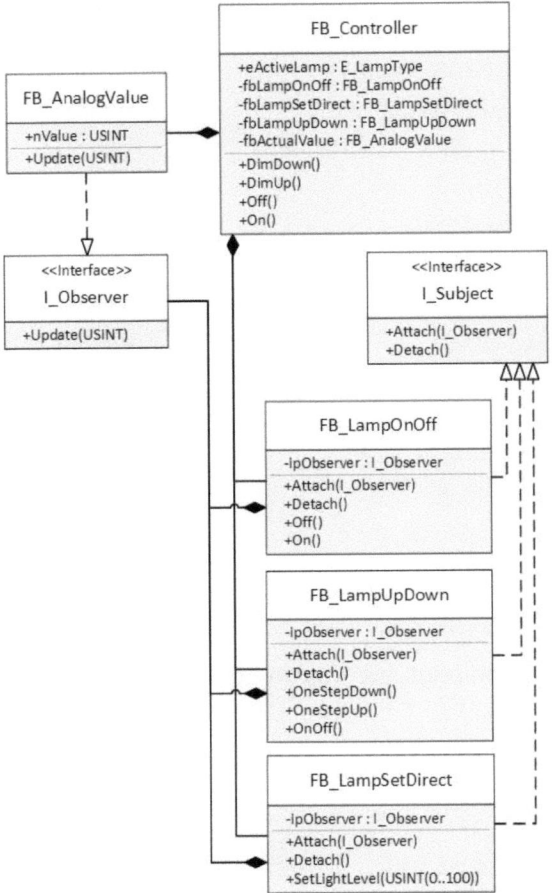

Schauen wir uns den Programmcode der einzelnen Funktionsblöcke etwas genauer an.

4.1.1 FB_LampOnOff / FB_LampUpDown / FB_LampSetDirect

Als Beispiel für die drei Lampentypen soll hier `FB_LampSetDirect` dienen. `FB_LampSetDirect` besitzt eine lokale Variable für den aktuellen Ausgangswert und eine lokale Variable für den Interface-Pointer auf `FB_AnalogValue`.

```
FUNCTION_BLOCK PUBLIC FB_LampSetDirect IMPLEMENTS I_Subject
VAR
  nLightLevel : USINT;
  _ipObserver : I_Observer;
END_VAR
```

Schaltet FB_Controller auf die Lampe vom Typ FB_LampSetDirect um, so ruft FB_Controller die Methode Attach() auf und übergibt an FB_LampSetDirect den Interface-Pointer auf FB_AnalogValue. Ist der Wert gültig (ungleich 0), so wird dieser in der lokalen Variablen (Backing Variable) _ipObserver gespeichert.

Anmerkung: Lokale Variablen, die den Wert einer Eigenschaft speichern, werden auch als Backing Variable bezeichnet und mit einem Unterstrich im Variablennamen gekennzeichnet.

```
METHOD Attach
VAR_INPUT
   ipObserver : I_Observer;
END_VAR
IF (ipObserver = 0) THEN
   RETURN;
END_IF
_ipObserver := ipObserver;
```

Die Methode Detach() setzt den Interface-Pointer auf 0, wodurch die Methode Update() nicht mehr aufgerufen wird (siehe weiter unten).

```
METHOD Detach
_ipObserver := 0;
```

Über die Methode SetLightLevel() wird der neue Ausgangswert übergeben und in die lokale Variable nLightLevel gespeichert. Außerdem wird vom Interface-Pointer _ipObserver die Methode Update() aufgerufen. Hierdurch erhält die Instanz von FB_AnalogValue, welche sich in FB_Controller befindet, den neuen Ausgangswert:

```
METHOD PUBLIC SetLightLevel
VAR_INPUT
  nNewLightLevel : USINT(0..100);
END_VAR
nLightLevel := nNewLightLevel;
IF (_ipObserver <> 0) THEN
```

Das Dependency Inversion Principle

```
    _ipObserver.Update(nLightLevel);
END_IF
```

Bei allen drei Lampenbausteinen sind die Methoden `Attach()` und `Detach()` identisch. Unterschiede gibt es nur in den Methoden, welche den Ausgangswert ändern.

4.1.2 FB_AnalogValue

`FB_AnalogValue` enthält sehr wenig Programmcode, da dieser Funktionsblock ausschließlich zum Speichern der Ausgangsgröße dient:

```
FUNCTION_BLOCK PUBLIC FB_AnalogValue IMPLEMENTS I_Observer
VAR
  _nActualValue : USINT;
END_VAR

METHOD Update : USINT
VAR_INPUT
  nNewValue : USINT;
END_VAR
```

Zusätzlich hat `FB_AnalogValue` noch die Eigenschaft `nValue`, über der der aktuelle Wert nach außen zur Verfügung gestellt wird.

4.1.3 FB_Controller

`FB_Controller` enthält die Instanzen der drei Lampenbausteine. Des Weiteren ist eine Instanz von `FB_AnalogValue` vorhanden, um den aktuellen Ausgangswert der aktiven Lampe entgegenzunehmen. `_eActiveLamp` speichert den aktuellen Zustand der Eigenschaft `eActiveLamp`:

```
FUNCTION_BLOCK PUBLIC FB_Controller
VAR
  fbLampOnOff      : FB_LampOnOff();
  fbLampSetDirect  : FB_LampSetDirect();
  fbLampUpDown     : FB_LampUpDown();
  fbActualValue    : FB_AnalogValue();
  _eActiveLamp     : E_LampType;
END_VAR
```

Das Umschalten zwischen den drei Lampen erfolgt über den Setter der Eigenschaft `eActiveLamp`:

```
Off();

fbLampOnOff.Detach();
fbLampSetDirect.Detach();
fbLampUpDown.Detach();
CASE eActiveLamp OF
  E_LampType.OnOff:
    fbLampOnOff.Attach(fbActualValue);
  E_LampType.SetDirect:
    fbLampSetDirect.Attach(fbActualValue);
  E_LampType.UpDown:
    fbLampUpDown.Attach(fbActualValue);
END_CASE

_eActiveLamp := eActiveLamp;
```

Wird über die Eigenschaft `eActiveLamp` auf eine andere Lampe umgeschaltet, so wird zu Beginn die noch aktuelle Lampe über die lokale Methode `Off()` ausgeschaltet. Des Weiteren wird bei allen drei Lampen die Methode `Detach()` aufgerufen. Hierdurch wird eine mögliche Verbindung zu `FB_AnalogValue` beendet. Innerhalb der CASE-Anweisung wird bei der neuen Lampe die Methode `Attach()` aufgerufen und der Interface-Pointer auf `fbActualValue` übergeben. Zum Schluss wird der Zustand der Eigenschaft in die lokale Variable `_eActiveLamp` gespeichert.

Die Methoden `DimDown()`, `DimUp()`, `Off()` und `On()` haben die Aufgabe den gewünschten Ausgangswert einzustellen. Da die einzelnen Lampentypen hierzu verschiedene Methoden anbieten, muss jeder Lampentyp einzeln behandelt werden.

Die Methode `DimDown()` soll die aktive Lampe um 5 % runterdimmen. Der Ausgangswert soll hierbei aber 10 % nicht unterschreiten:

```
METHOD PUBLIC DimDown
CASE _eActiveLamp OF
  E_LampType.OnOff:
    fbLampOnOff.Off();
  E_LampType.SetDirect:
```

```
      IF (fbActualValue.nValue >= 15) THEN
         fbLampSetDirect.SetLightLevel(
                              fbActualValue.nValue - 5);
      END_IF
   E_LampType.UpDown:
      IF (fbActualValue.nValue >= 15) THEN
         fbLampUpDown.OneStepDown();
         fbLampUpDown.OneStepDown();
         fbLampUpDown.OneStepDown();
         fbLampUpDown.OneStepDown();
         fbLampUpDown.OneStepDown();
      END_IF
END_CASE
```

`FB_LampOnOff` kennt nur die Zustände 0 % und 100 %. Ein Dimmen ist somit nicht möglich. Als Kompromiss wird deshalb beim Runterdimmen die Lampe ausgeschaltet (Zeile 4).

Bei `FB_LampSetDirect` kann mit Hilfe der Methode `SetLightLevel()` der neue Ausgangswert direkt gesetzt werden. Hierzu werden vom aktuellen Ausgangswert 5 subtrahiert und an die Methode `SetLightLevel()` übergeben (Zeile 7). Die IF-Abfrage in Zeile 6 stellt sicher, dass der Ausgangswert nicht unter 10 % eingestellt wird.

Da die Methode `OneStepDown()` von `FB_LampUpDown` den Ausgangswert nur um 1 % reduziert, wird die Methode 5-mal aufgerufen (Zeilen 11-15). Auch hier stellt eine IF-Abfrage in Zeile 10 sicher, dass die 10 % nicht unterschritten werden. `DimUp()`, `Off()` und `On()` haben einen vergleichbaren Aufbau. Durch eine CASE-Anweisung werden die verschiedenen Lampentypen gesondert behandelt und somit die jeweiligen Besonderheiten berücksichtigt.

Das Beispiel steht für TwinCAT 3.1 auf GitHub zum Download bereit[2].

4.2 Analyse der Implementierung

Auf dem ersten Blick wirkt die Umsetzung solide. Das Programm macht, was es soll, und der vorgestellte Code ist in seiner jetzigen Größe wartbar. Wäre

---

[2] https://github.com/StefanHenneken/Blog-2021-05-IEC61131-DIP-Sample01

sichergestellt, dass das Programm an Umfang nicht zunimmt, könnte alles so bleiben wie es ist.

Doch in der Praxis entspricht der aktuelle Stand eher dem ersten Entwicklungszyklus eines größeren Projektes. Die kleine, überschaubare Anwendung wird im Laufe der Zeit durch Erweiterungen an Codeumfang zunehmen. Somit ist eine genaue Inspektion des Codes schon zu Beginn sinnvoll. Ansonsten besteht die Gefahr, den richtigen Zeitpunkt für grundlegende Optimierungen zu verpassen. Mängel lassen sich dann nur noch mit großem Zeitaufwand beseitigen.

Doch welche grundlegenden Probleme hat das obige Beispiel?

4.2.1 Punkt 1: CASE-Anweisung

In jeder Methode des Controllers befindet sich dasselbe CASE-Konstrukt:

```
CASE _eActiveLamp OF
  E_LampType.OnOff:
    fbLampOnOff...
  E_LampType.SetDirect:
    fbLampSetDirect...
  E_LampType.UpDown:
    fbLampUpDown...
END_CASE
```

Es ist zwar eine Ähnlichkeit zwischen dem Wert von `_eActiveLamp` (z.B. `E_LampType.SetDirect`) und der lokalen Variable (z.B. `fbLampSetDirect`) zu erkennen, doch müssen trotzdem die einzelnen Fälle manuell beachtet und programmiert werden.

4.2.2 Punkt 2: Erweiterbarkeit

Soll ein neuer Lampentyp hinzugefügt werden, so muss zunächst der Datentyp `E_LampType` erweitert werden. Anschließend ist es notwendig in jeder Methode vom Controller die CASE-Anweisung zu ergänzen.

4.2.3 Punkt 3: Zuständigkeiten

Dadurch, dass der Controller das Zuordnen der Befehle auf alle Lampentypen durchführt, ist die Logik eines Lampentyps auf mehrere FBs verteilt. Dieses ist eine äußerst unpraktische Gruppierung. Will man verstehen, wie der Controller einen bestimmten Lampentyp anspricht, so muss man von Methode zu Methode springen und sich aus der CASE-Anweisung den korrekten Fall raussuchen.

4.2.4 Punkt 4: Kopplung

Der Controller hat eine enge Bindung zu den unterschiedlichen Lampenbausteinen. Dadurch ist der Controller stark abhängig von Änderungen an den einzelnen Lampentypen. Jede Änderung an den Methoden eines Lampentyps führt zwangsläufig auch zu Anpassungen am Controller.

4.3 Optimierung der Implementierung

Derzeit besitzt das Beispiel feste Abhängigkeiten in einer Richtung. Der Controller ruft die Methoden der jeweiligen Lampentypen auf. Diese direkte Abhängigkeit sollte aufgelöst werden. Dazu benötigen wir eine gemeinsame Abstraktionsebene.

4.3.1 Auflösen der CASE-Anweisungen

Hierzu bieten sich abstrakte Funktionsblöcke und Schnittstelle an. Im Folgenden verwende ich den abstrakten Funktionsblock `FB_Lamp` und die Schnittstelle `I_Lamp`. Die Schnittstelle `I_Lamp` besitzt die gleichen Methoden wie der Controller. Der abstrakte FB implementiert die Schnittstelle `I_Lamp` und besitzt dadurch ebenfalls alle Methoden von `FB_Controller`.

Wie abstrakte Funktionsblöcke und Schnittstellen miteinander kombiniert werden können, wird in *IEC 61131-3: Abstrakter FB vs. Schnittstelle*[3] vorgestellt.

Alle Lampentypen erben von diesem abstrakten Lampentyp. Aus Sicht des Controllers sehen alle Lampentypen hierdurch gleich aus. Des Weiteren implementiert der abstrakte FB die Schnittstelle `I_Subject`:

```
FUNCTION_BLOCK PUBLIC ABSTRACT FB_Lamp IMPLEMENTS I_Subject,
I_Lamp
```

Die Methoden `Detach()` und `Attach()` von `FB_Lamp` werden nicht als `ABSTRACT` deklariert und enthalten den notwendigen Programmcode. Dadurch ist es nicht notwendig, den Programmcode für diese beiden Methoden in jeden Lampentyp erneut zu implementieren.

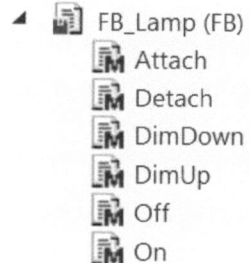

Da die Lampentypen von `FB_Lamp` erben, sind diese aus Sicht des Controllers alle gleich.

---

[3] https://StefanHenneken.net/2020/09/21/iec-61131-3-abstrakter-fb-vs-schnittstelle/

Die Methode `SetLightLevel()` bleibt unverändert. Das Zuordnen der Methoden von `FB_Lamp` (`DimDown()`, `DimUp()`, `Off()` und `On()`) auf die einzelnen Lampentypen erfolgt jetzt nicht mehr im Controller, sondern im jeweiligen FB des Lampentyps:

```
METHOD PUBLIC DimDown
IF (nLightLevel >= 15) THEN
   SetLightLevel(nLightLevel - 5);
END_IF
```

Somit ist nicht mehr der Controller für das Zuordnen der Methoden zuständig, sondern jeder Lampentyp selbst. Die CASE-Anweisungen in den Methoden von `FB_Controller` entfallen vollständig.

4.3.2 Auflösen von E_LampType

Die Verwendung von `E_LampType` bindet den Controller weiterhin an die jeweiligen Lampentypen. Doch wie kann auf die verschiedenen Lampentypen umgeschaltet werden, wenn `E_LampType` entfällt? Um dieses zu erreichen, wird dem Controller der gewünschte Lampentyp über eine Eigenschaft per Referenz übergeben:

```
PROPERTY PUBLIC refActiveLamp : REFERENCE TO FB_Lamp
```

Somit können alle Lampentypen übergeben werden, einzige Voraussetzung, der übergebene Lampentyp muss von `FB_Lamp` erben. Dadurch werden alle Methoden und Eigenschaften festgelegt, die für eine Interaktion zwischen Controller und Lampenbaustein notwendig sind.

Anmerkung: Diese Technik des „reinreichen" von Abhängigkeiten wird auch als *Dependency Injection* [4] bezeichnet.

Die Umschaltung auf den neuen Lampenbaustein erfolgt im Setter der Eigenschaft `refActiveLamp`. Dort wird die Methode `Detach()` der aktiven Lampe aufgerufen (Zeile 2), während in Zeile 6 von der neuen Lampe die Methode `Attach()` aufgerufen wird. In Zeile 4 wird die Referenz der neuen

---

[4] https://de.wikipedia.org/wiki/Dependency_Injection

Lampe in die lokale Variable (Backing Variable) `_refActiveLamp` abgespeichert:

```
IF (__ISVALIDREF(_refActiveLamp)) THEN
    _refActiveLamp.Detach();
END_IF
_refActiveLamp REF= refActiveLamp;
IF (__ISVALIDREF(refActiveLamp)) THEN
    refActiveLamp.Attach(fbActualValue);
END_IF
```

In den Methoden `DimDown()`, `DimUp()`, `Off()` und `On()` wird über `_refActiveLamp` der Methodenaufruf an die aktive Lampe weitergeleitet. Anstelle der CASE-Anweisung stehen hier nur noch wenige Zeile, da nicht mehr zwischen den verschiedenen Lampentypen unterschieden werden muss:

```
METHOD PUBLIC DimDown
IF (__ISVALIDREF(_refActiveLamp)) THEN
    _refActiveLamp.DimDown();
END_IF
```

Der Controller ist somit generisch. Wird ein neuer Lampentyp definiert, so bleibt der Controller unverändert.

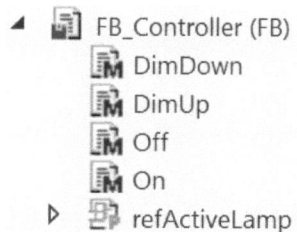

Anmerkung: Hierdurch wurde das Auswählen des gewünschten Lampentyps an den Aufrufer von `FB_Controller` übertragen. Dieser muss jetzt die verschiedenen Lampentypen anlegen und an den Controller übergeben. Dieses ist dann ein guter Ansatz, wenn sich z.B. alle Elemente in einer Bibliothek befinden. Durch die oben gezeigten Optimierungen können jetzt eigene Lampentypen entwickelt werden, ohne dass Anpassungen an der Bibliothek notwendig sind.

Das Beispiel steht für TwinCAT 3.1 auf GitHub zum Download bereit[5].

4.4 Analyse der Optimierung

Obwohl ein Funktionsblock und eine Schnittstelle hinzugekommen sind, so ist die Menge des Programmcodes nicht mehr geworden. Der Code brauchte nur sinnvoll umstrukturiert werden, um die oben genannten Probleme zu eliminieren. Das Ergebnis ist eine langfristig tragfähige Programmstruktur, welche in mehrere gleichbleibend kleine Artefakte mit klaren Verantwortlichkeiten aufgeteilt wurde. Das UML-Diagramm zeigt sehr gut die neue Aufteilung:

---

[5] https://github.com/StefanHenneken/Blog-2021-05-IEC61131-DIP-Sample02

Das Dependency Inversion Principle

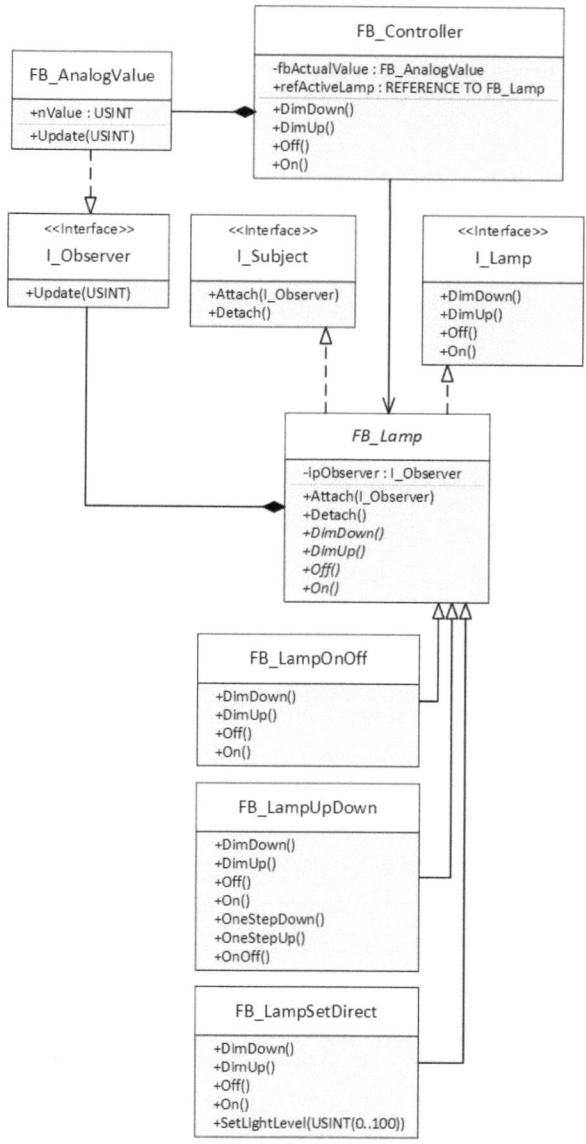

`FB_Controller` besitzt keine feste Bindung mehr zu den einzelnen Lampentypen. Stattdessen wird auf den abstrakten Funktionsblock `FB_Lamp`

Das Dependency Inversion Principle

zugegriffen, welcher über die Eigenschaft `refActiveLamp` an den Controller hinein gereicht wird. Über diese Abstraktionsebene wird dann auf die einzelnen Lampentypen zugegriffen.

4.5 Die Definition des Dependency Inversion Principle

Das *Dependency Inversion Principle* besteht aus zwei Grundsätzen und wird in dem Buch *Clean Architecture: Das Praxis-Handbuch für professionelles Softwaredesign* von Robert C. Martin sehr gut beschrieben:

> *Module hoher Ebenen sollten nicht von Modulen niedriger Ebenen abhängen. Beide sollten von Abstraktionen abhängen.*

Bezogen auf das obige Beispiel ist das Modul der hohen Ebene der Funktionsblock `FB_Controller`. Dieser sollte nicht direkt auf Module niedriger Ebene zugreifen, in der Details enthalten sind. Die Module niedriger Ebene sind die einzelnen Lampentypen.

> *Abstraktionen sollten nicht von Details abhängen. Details sollten von Abstraktionen abhängen.*

Die Details sind die einzelnen Methoden, die die jeweiligen Lampentypen anbieten. Im ersten Beispiel ist `FB_Controller` von den Details aller Lampentypen abhängig. Wird an einem Lampentyp eine Änderung vorgenommen, so muss auch der Controller angepasst werden.

Was genau wird durch das *Dependency Inversion Principle* umgedreht?

Im ersten Beispiel greift `FB_Controller` direkt auf die einzelnen Lampentypen zu. Dadurch ist `FB_Controller` (höhere Ebene) abhängig von den Lampentypen (niedrigere Ebene).

Das Dependency Inversion Principle

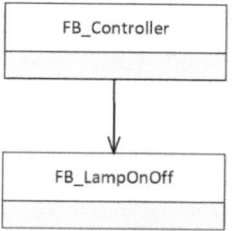

Das *Dependency Inversion Principle* invertiert diese Abhängigkeit. Hierzu wird eine zusätzliche Abstraktionsebene eingeführt. Die höhere Ebene legt fest, wie diese Abstraktionsebene aussieht. Die niederen Schichten müssen diese Vorgaben erfüllen. Dadurch ändert sich die Richtung der Abhängigkeiten.

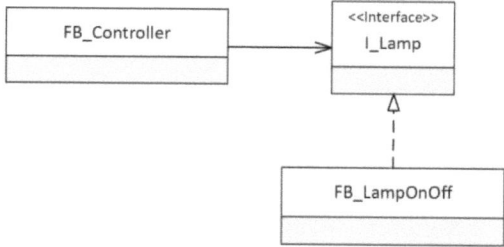

Im obigen Beispiel wurde diese zusätzliche Abstraktionsebene durch die Kombination des abstrakten Funktionsblock `FB_Lamp` und der Schnittstelle `I_Lamp` umgesetzt.

4.6 Zusammenfassung

Bei dem *Dependency Inversion Principle* besteht die Gefahr des Overengineering. Nicht jede Kopplung sollte aufgelöst werden. Dort wo ein Austausch von Funktionsblöcken zu erwarten ist, kann das *Dependency Inversion Principle* eine große Hilfe sein. Weiter oben hatte ich das Beispiel einer Bibliothek genannt, in der verschiedene Funktionsblöcke untereinander abhängig sind. Will der Anwender der Bibliothek in diese Abhängigkeiten eingreifen, so würden feste Abhängigkeiten dieses verhindern.

Durch das *Dependency Inversion Principle* erhöht sich die Testbarkeit eines Systems. `FB_Controller` kann völlig unabhängig von den einzelnen Lampentypen getestet werden. Für die Unit-Tests wird ein FB erstellt, welcher von `FB_Lamp` abgeleitet wird. Dieser Dummy-FB, welcher nur Funktionen enthält die für die Tests von `FB_Controller` notwendig sind, wird auch als Mocking-Object bezeichnet. Jakob Sagatowski stellt in seinem Post *Mocking objects in TwinCAT*[6] dieses Konzept vor.

---

[6] https://alltwincat.com/2018/05/23/mocking-objects-in-twincat

5 Das Single Responsibility Principle

Das *Single Responsibility Principle* ist eines der wichtigsten unter den SOLID-Prinzipien. Es ist für die Zerlegung von Modulen zuständig und verdeutlicht, warum eine Codeeinheit nur für eine einzig klar definierte Aufgabe verantwortlich sein sollte: Software bleibt langfristig erweiterbar und kann deutlich einfacher gepflegt werden.

Um das *Single Responsibility Principle* näher zu bringen, wird auf das Beispiel aus dem letzten Kapitel aufgesetzt. Dort wurde gezeigt, wie es möglich ist mit Hilfe des *Dependency Inversion Principle* feste Abhängigkeiten aufzulösen.

5.1 Ausgangssituation

Für drei verschiedene Lampentypen stehen jeweils entsprechende Funktionsblöcke (`FB_LampOnOff`, `FB_LampSetDirect` und `FB_LampUpDown`) zur Verfügung. Jeder Lampentyp besitzt seine eigene Funktionsweise und bietet entsprechende Methoden an, um den Ausgangswert zu verändern.

Ein übergeordneter Controller (`FB_Controller`) stellt eine einheitliche Schnittstelle (API) zur Verfügung, um auf diese drei Typen zuzugreifen. Hierbei wird das *Dependency Inversion Principle* angewendet, um eine feste Kopplung zwischen dem Controller und den Lampentypen zu vermeiden. Durch `I_Lamp` wird diese einheitliche API definiert. Der abstrakte Funktionsblock `FB_Lamp` implementiert die Schnittstelle `I_Lamp`. Des Weiteren enthält `FB_Lamp` Programmcode, der bei allen Lampentypen gleich ist. Dadurch das alle Lampentypen von `FB_Lamp` abgeleitet sind, werden Controller und Lampen voneinander entkoppelt. Statt Instanzen von konkreten Lampentypen anzulegen, verwaltet der Controller nur noch eine Referenz auf `FB_Lamp`.

5.2 Analyse der Implementierung

Für eine weitere Beurteilung der Implementierung soll der Funktionsblock `FB_LampUpDown` dienen. Ganz zu Beginn der Serie enthielt dieser nur die drei Methoden `OneStepDown()`, `OneStepUp()` und `OnOff()` um den Ausgangswert zu verändern.

5.2.1 Punkt 1: mehrere Rollen

Durch die Anwendung des *Dependency Inversion Principle* sind die Methoden `DimDown()`, `DimUp()`, `Off()` und `On()` über den abstrakten Funktionsblock `FB_Lamp` und der Schnittstelle `I_Lamp` hinzugekommen. Diese vier Methoden stellen eine Art „Adapter" zwischen `FB_Controller` und der eigenen Implementierung von `FB_LampUpDown` dar.

Das folgende UML-Diagramm zeigt nochmal die beiden Rollen, die der Baustein `FB_LampUpDown` aktuell besitzt. Durch eine gestrichelte Linie sind die Methoden markiert, die durch die Vererbung von `FB_Lamp` hinzugekommen sind (Rolle als Adapter zu `FB_Controller`). Die durchgezogene Linie kennzeichnet die eigentliche Rolle des Funktionsbaustein (Rolle als `FB_LampUpDown`).

Das Single Responsibility Principle

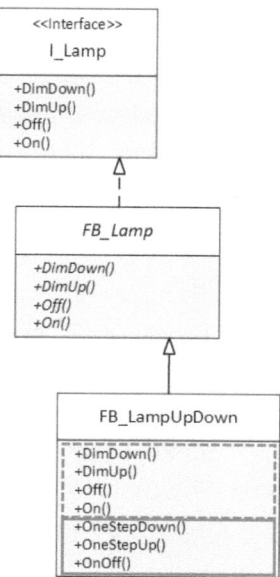

An dieser Stelle könnte die Überlegung gemacht werden, die Methoden `OneStepDown()`, `OneStepUp()` und `OnOff()` auf `PRIVATE` zu setzen. Allerdings ist dieses nur dann möglich, wenn `FB_LampUpDown` bisher in keinem anderen Zusammenhang verwendet wurde. Ist dieses nicht der Fall, so muss jede Erweiterung die Abwärtskompatibel des Funktionsblocks sicherstellen.

5.3 Optimierung der Implementierung

So wie auch bei der Vorstellung des *Dependency Inversion Principle*, ist das Programm in seinem aktuellen Umfang sehr gut wartbar. Doch was ist, wenn zusätzliche Rollen hinzukommen? So könnte in einem weiteren Entwicklungszyklus es notwendig sein, weitere Adapter zu implementieren. Die eigentliche Logik von `FB_LampUpDown` würde in den Implementierungen der jeweiligen Adapter untergehen.

5.3.1 Adapter erstellen

Wir brauchen also ein Werkzeug, um die einzelnen Rollen zu separieren. Im besten Fall so, dass die ursprüngliche Implementierung von `FB_LampUpDown` unverändert bleibt. Dieses kann auch notwendig sein, z.B. dann, wenn sich `FB_LampUpDown` in einer SPS-Bibliothek befindet und somit nicht im Einflussbereich des Entwicklers liegt.

5.3.1.1 Ansatz 1: Vererbung

Ein möglicher Lösungsansatz könnte darin bestehen, mit Vererbung zu arbeiten. Der neue Adapter-Funktionsblock (`FB_LampUpDownAdapter`) erbt von `FB_LampUpDown`. Zusätzlich müsste dieser ebenfalls von `FB_Lamp` erben. Da Mehrfachvererbung aber nicht möglich ist, könnte `FB_LampUpDownAdapter` aber die Schnittstelle `I_Lamp` implementieren. Der abstrakte Funktionsblock `FB_Lamp` würde entfallen.

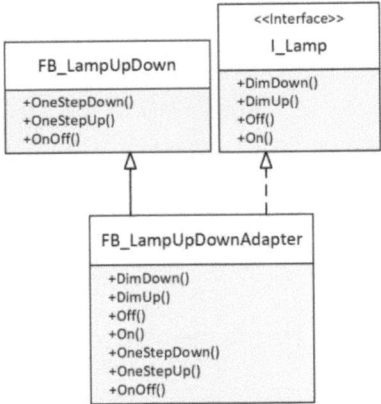

Durch das Erben von `FB_LampUpDown` stellt der Adapter aber auch die Methoden nach Außen zur Verfügung, die für die Interaktion mit dem Controller nicht benötigt werden. `FB_LampUpDownAdapter` gibt somit durch diesen Lösungsansatz Implementierungsdetails von `FB_LampUpDown` weiter.

5.3.1.2 Ansatz 2: Adapter Pattern

Hierbei enthält der Adapter intern eine Instanz von FB_LampUpDown. Die Methoden für die Funktion des Adapters werden intern einfach an FB_LampUpDown weitergeleitet. Alle Details von FB_LampUpDown werden somit nicht mehr nach Außen bekanntgegeben.

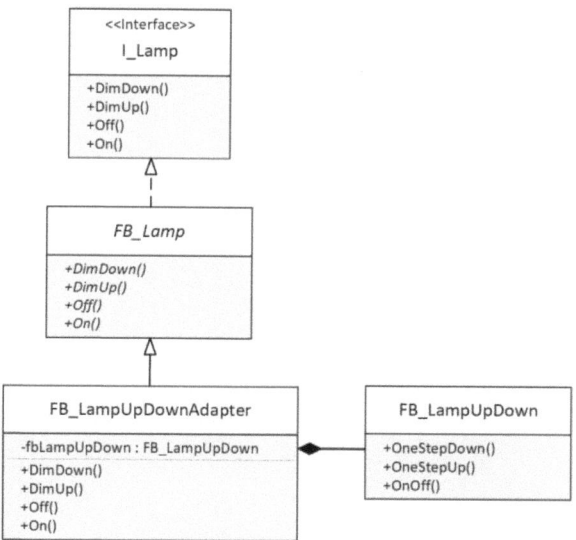

Mit diesem Ansatz haben wir unser Ziel erreicht: Die Rolle des Adapters und die Logik der Lampe sind klar voneinander getrennt. Die Implementierung der Lampe musste hierzu nicht verändert werden.

Das Beispiel steht für TwinCAT 3.1 auf GitHub zum Download bereit[7].

5.4 Analyse der Optimierung

Schauen wir uns das Programm nach der Umsetzung des *Single Responsibility Principle* nochmal genauer an.

---

[7] https://github.com/StefanHenneken/Blog-2022-02-IEC61131-SRP-Sample01

Das Single Responsibility Principle

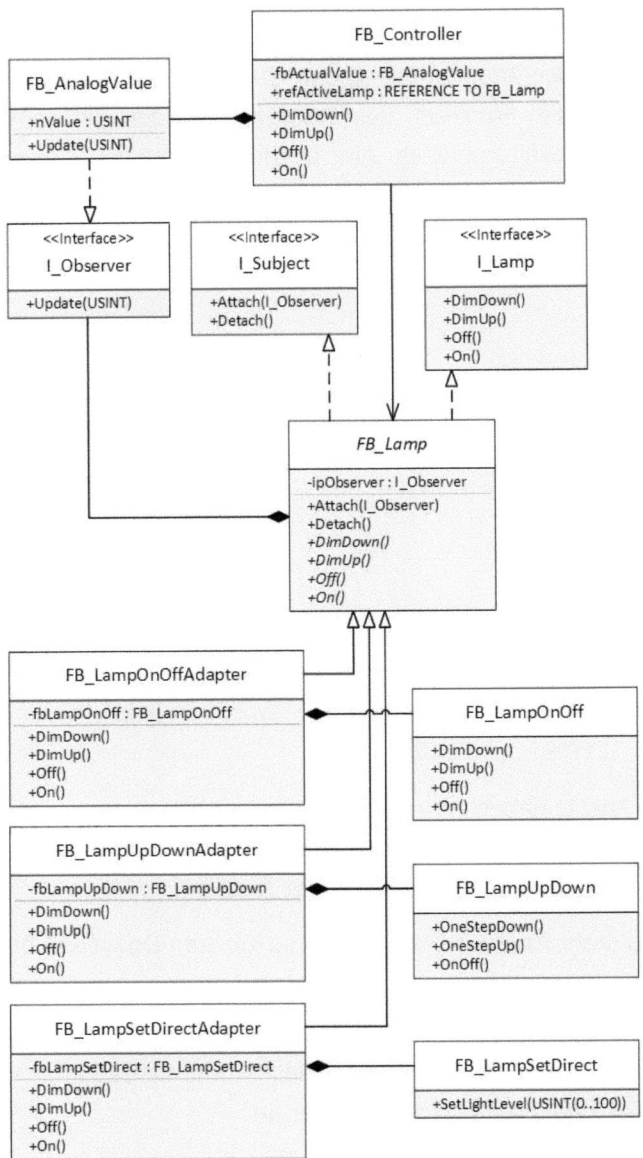

Die Zuständigkeiten sind jetzt klar voneinander getrennt. Soll der Programmcode erweitert werden, so ist sehr schnell klar, in welchem Funktionsblock dieses zu erfolgen hat.

Auch wenn die Anwendung um weitere Adapter ergänzt wird, so muss die Implementierung der schon existierenden Funktionsblöcke für die Lampen nicht erweitert werden. Es besteht nicht die Gefahr, dass sich diese im Laufe der einzelnen Entwicklungszyklen immer weiter aufblähen.

Die Wartbarkeit eines Programms verbessert sich, wenn unabhängige Aufgaben (Rollen) in einzelne, unabhängige Codeeinheiten (Funktionsblöcke) aufgeteilt werden. Dadurch erhalten wir aber auch mehr Funktionsblöcke, wodurch die Übersicht des Projektes leidet. Aus diesem Grund sollte nicht versucht werden, die Anzahl der Funktionsblöcke unnötig zu erhöhen. Nicht immer ist es sinnvoll einzelne Funktionsblöcke für einzelne Aufgaben anzulegen.

Da ein Programm in seinem Funktionsumfang kontinuierlich erweitert wird, sollten Funktionsblöcke ab einen bestimmten Umfang aufgeteilt werden. Hilfestellung für die Umsetzung geben die SOLID-Prinzipien. Bleibt aber noch die Frage offen, ab wann eine Codeeinheit eine „kritische" Größe erreicht hat.

5.5 Class Responsibility Collaboration (CRC)

Die Anzahl der Codezeilen heranzuziehen, um die Komplexität der Codeeinheit zu beurteilen, ist deutlich zu kurz gegriffen. Auch wenn solche Code-Metriken sinnvolle Hilfsmittel darstellen, so will ich hier ein Verfahren vorstellen, das über die Anforderungen einer Codeeinheit die Komplexität ermittelt.

Ich habe hier bewusst „Codeeinheit" geschrieben und nicht „Funktionsblock". Mit diesem Verfahren kann auch eine Systemarchitektur beurteilt werden. Die „Codeeinheiten" wären dann z.B. einzelne Services. Es muss also nicht immer um die Beurteilung von reinem Quellcode gehen.

Die hier vorgestellte CRC-Technik steht für *Class Responsibility Collaboration*. Der Name beschreibt schon recht gut das Prinzip dieser Technik:

- Es werden alle Funktionsblöcke (**Class**) aufgelistet.
- Zu jedem Funktionsblock wird die Aufgabe bzw. Zuständigkeit (**Responsibility**) aufgeschrieben.
- Außerdem wird bei jedem Funktionsblock notiert, mit welchen anderen Funktionsblöcken dieser zusammenarbeitet (**Collaboration**).

Die CRC-Technik zeigt sehr deutlich, ob sich in einem Softwaresystem ein Ungleichgewicht befindet. Die Zuständigkeiten und die Abhängigkeiten sollten sich gleichmäßig über alle Funktionsblöcke verteilen.

Für das Erstellen der CRC-Karten verwende ich das Tool *SimpleCrcTool* [8], welches direkt im Browser ausgeführt werden kann[9]. Um die Übersicht zu erhöhen, wird bei der folgenden Betrachtung der Funktionsblock `FB_AnalogValue` nicht weiter berücksichtigt. Dieser dient in allen Varianten des Beispielprogramms in gleicher Weise zum Austausch der Ausgangsgröße zwischen den jeweiligen Lampentypen und dem Controller.

5.5.1 Schritt 1: Ausgangssituation

Zu Beginn soll das Programm in seiner Ausgangsform betrachtet werden. Also bevor die erste Optimierung durchgeführt wurde (siehe Kapitel: *Das Dependency Inversion Principle*).

---

[8] https://github.com/guidolx/simple-crc-app
[9] https://guidolx.github.io/simple-crc-app

Das Single Responsibility Principle

```
FB_Controller
FB_LampOnOff, FB_LampSetDirect, FB_LampUpDown

- Umschalten zwischen den verschiedenen Lampentypen
- Anpassen On-Befehl an den aktiven Lampentyp
- Anpassen Off-Befehl an den aktiven Lampentyp
- Anpassen DimUp-Befehl an den aktiven Lampentyp
- Anpassen DimDown-Befehl an den aktiven Lampentyp
```

```
FB_LampOnOff

- Interne Logik des OnOff-Lampentyps
```

```
FB_LampSetDirect

- Interne Logik des SetDirect-Lampentyps
```

```
FB_LampUpDown

- Interne Logik des UpDown-Lampentyps
```

Es ist gut zu erkennen, dass der Controller sehr viele Aufgaben übernimmt, während der Umfang der jeweiligen Lampentypen sehr übersichtlich ist. Ähnlich sieht es bei den Abhängigkeiten aus. Der Controller greift auf jeden Lampentyp direkt zu.

5.5.2 Schritt 2: Anwendung des Dependency Inversion Principle

Durch die Anwendung des *Dependency Inversion Principle* wurden die festen Abhängigkeiten zwischen dem Controller und den Lampentypen aufgelöst. Der Controller greift nur noch auf den abstrakten Funktionsblock `FB_Lamp` zu und nicht mehr auf die jeweiligen spezialisierten Lampentypen.

Das Single Responsibility Principle

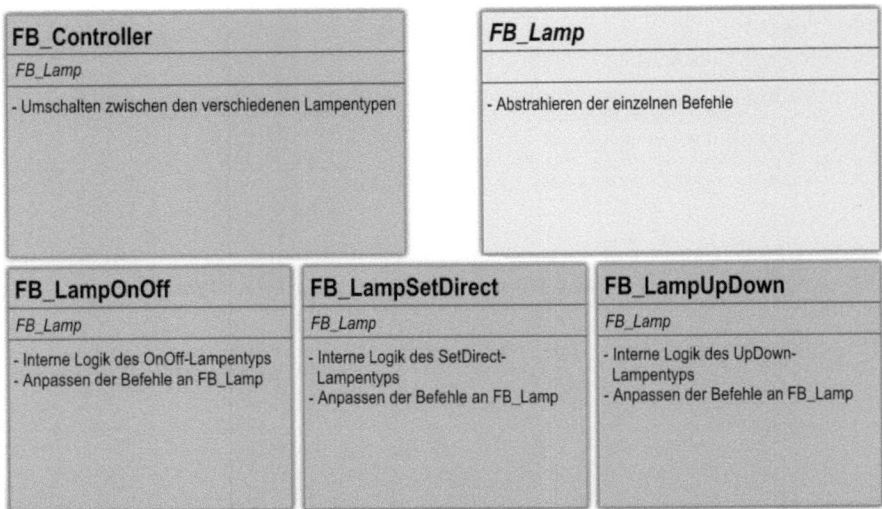

Jetzt besteht allerdings der Nachteil, dass jeder Lampentyp mehrere Rollen bedient. Zum einen die Logik des Lampentyps und zum anderen das Mapping zu der abstrakten Lampe.

5.5.3   Schritt 3: Anwendung des Single Responsibility Principle

Um die Verletzung des *Single Responsibility Principle* an dieser Stelle aufzulösen, wurde das *Adapter Pattern* angewendet. Jeder Lampentyp besitzt jetzt einen entsprechenden Adapter-Funktionsblock, der für das Mapping zwischen der abstrakten Lampe und dem konkreten Lampentyp zuständig ist.

FB_Controller	FB_Lamp
FB_Lamp	
- Umschalten zwischen den verschiedenen Lampentypen	- Abstrahieren der einzelnen Befehle

FB_LampOnOffAdapter	FB_LampSetDirectAdapter	FB_LampUpDownAdapter
FB_Lamp, FB_LampOnOff	*FB_Lamp, FB_LampSetDirect*	*FB_Lamp, FB_LampUpDown*
- Anpassen der Befehle an FB_Lamp	- Anpassen der Befehle an FB_Lamp	- Anpassen der Befehle an FB_Lamp

FB_LampOnOff	FB_LampSetDirect	FB_LampUpDown
- Interne Logik des OnOff-Lampentyps	- Interne Logik des SetDirect-Lampentyps	- Interne Logik des UpDown-Lampentyps

Alle Funktionsblöcke besitzen nach der Optimierung nur noch eine einzige Aufgabe. Somit haben wir jetzt eine große Menge an kleinen, statt eine kleine Menge an umfangreichen Funktionsblöcken.

5.6 Die Definition des Single Responsibility Principle

Werfen wir nun einen Blick auf die Definition des *Single Responsibility Principle*. Dieses besteht aus einem Grundsatz und wurde ebenfalls in dem Buch *Clean Architecture: Das Praxis-Handbuch für professionelles Softwaredesign* von Robert C. Martin schon Anfang der 2000er Jahre definiert:

> *Es sollte nie mehr als einen Grund geben, eine Klasse zu modifizieren.*

Robert C. Martin verfeinerte diese Aussage weiter zu:

> *Ein Modul sollte für einen, und nur einen, Akteur verantwortlich sein.*

Doch was ist mit Modul gemeint und wer oder was ist der Akteur?

Das **Modul** ist hierbei eine Codeeinheit und ist abhängig von der Perspektive, mit der ein Softwaresystem betrachtet wird. Aus der Sicht des Softwarearchitekten kann ein Modul ein REST-Service, ein Kommunikationskanal oder ein Datenbanksystem sein. Für den Softwareentwickler kann ein Modul ein Funktionsblock oder ein zusammenhängender Satz an Funktionsblöcken und Funktionen darstellen. Bei dem oben gezeigten Beispiel, war ein Modul ein Funktionsblock.

Auch der Begriff **Akteur** bezieht sich nicht zwangsläufig auf eine Person, sondern kann auch wieder ein bestimmter Satz an Usern oder Stakeholdern repräsentieren.

5.7 Zusammenfassung

Im letzten Kapitel wurde durch das *Dependency Inversion Principle* der Controller (`FB_Controller`) von den einzelnen Lampen entkoppelt. Hierzu mussten noch die einzelnen Funktionsblöcke der Lampen angepasst werden. Durch das *Single Responsibility Principle* wurde diese Entkopplung weiter optimiert.

Ist es in Ordnung, wenn ein Funktionsblock für das Komprimieren und für das Verschlüsseln von Daten zuständig ist? Nein! Komprimieren und Verschlüsseln sind völlig verschiedene Verantwortungsbereiche. Man kann Daten komprimieren, ohne dabei Aspekte der Verschlüsselung zu berücksichtigen. Und auch die Verschlüsselung ist unabhängig von der Komprimierung. Es handelt sich um zwei völlig unabhängige Aufgaben. Werden etwa Komprimierung und Verschlüsselung im selben Funktionsblock behandelt, so gibt es auch zwei Gründe für Änderungen: die Verschlüsselung und die Komprimierung.

Ein weiteres Beispiel für die Anwendung des *Single Responsibility Principle* (aus der Sicht der Softwarearchitektur) ist das ISO/OSI-Referenzmodell für Netzwerkprotokolle. Dieses Modell definiert sieben aufeinanderfolgende Schichten mit jeweils klar definierten Aufgaben. Dieses ermöglicht das Austauschen einzelner Schichten, ohne das darüber oder darunter liegende Schichten davon beeinflusst werden. Jede Schicht hat eine(!) klar definierte Aufgabe, z.B. die Bitübertragung.

6 Das Liskov Substitution Principle

„Das *Liskov Substitution Principle* fordert, dass abgeleitete FBs immer zu ihren Basis-FB kompatibel sind. Abgeleitete Funktionsblöcke müssen sich so verhalten wie ihr jeweiliger Basis-FB. Ein abgeleiteter Funktionsblock darf den Basis-FB erweitern, aber nicht einschränken." Dieses ist die Kernaussage des *Liskov Substitution Principle*, welches Barbara Liskov schon Ende der 1980iger Jahre formulierte. Obwohl das *Liskov Substitution Principle* eines der einfacheren SOLID-Prinzipien ist, tritt deren Verletzung doch sehr häufig auf. Warum das *Liskov Substitution Principle* wichtig ist, zeigt das folgende Beispiel.

6.1 Ausgangssituation

Erneut wird das Beispiel verwendet, welches zuvor in den beiden vorherigen Kapiteln entwickelt und optimiert wurde. Kern des Beispiels sind drei Lampentypen, welche durch die Funktionsblöcke `FB_LampOnOff`, `FB_LampSetDirect` und `FB_LampUpDown` abgebildet werden. Die Schnittstelle `I_Lamp` und der abstrakte Funktionsblock `FB_Lamp` gewährleisten eine saubere Entkopplung zwischen den jeweiligen Lampentypen und dem übergeordneten Controller `FB_Controller`.

`FB_Controller` greift nicht mehr auf konkrete Instanzen, sondern nur noch auf eine Referenz des abstrakten Funktionsblock `FB_Lamp` zu. Für das Auflösen der festen Kopplung wird das *Dependency Inversion Principle* angewendet.

Zur Realisierung der geforderten Funktionsweise, stellt jeder Lampentyp seine eigenen Methoden bereit. Aus diesem Grund besitzt jeder Lampentyp einen entsprechenden Adapter-Funktionsblock (`FB_LampOnOffAdapter`, `FB_LampSetDirectAdapter` und `FB_LampUpDownAdapter`), der für das Mapping zwischen der abstrakten Lampe (`FB_Lamp`) und den konkreten Lampentypen (`FB_LampOnOff`, `FB_LampSetDirect` und `FB_LampUpDown`) zuständig ist. Unterstützt wird diese Optimierung durch das *Single Responsibility Principle*.

6.2 Erweiterung der Implementierung

Die drei geforderten Lampentypen lassen sich durch das bisherige Software-Design gut abbilden. Trotzdem kann es passieren, dass Erweiterungen, die auf dem ersten Blick einfach wirken, später zu Schwierigkeiten führen. Als Beispiel soll hier der neue Lampentyp `FB_LampSetDirectDALI` dienen.

DALI steht für *Digital Addressable Lighting Interface* [10] und ist ein Protokoll zur Ansteuerung von lichttechnischen Geräten. Grundsätzlich verhält sich der neue Baustein wie `FB_LampSetDirect`, allerdings wird der Ausgangswert bei DALI nicht in 0-100 %, sondern in 0-254 angegeben.

6.3 Optimierung der Erweiterungen

Welche Ansätze stehen zur Verfügung, um diese Erweiterung umzusetzen? Dabei sollen auch die unterschiedlichen Ansätze genauer analysiert werden.

6.3.1 Ansatz 1: Quick & Dirty

Hoher Zeitdruck kann dazu verleiten die Umsetzung Quick & Dirty zu realisieren. Da `FB_LampSetDirect` sich ähnlich verhält wie der neue DALI-Lampentyp, erbt `FB_LampSetDirectDALI` von `FB_LampSetDirect`. Um den Wertebereich von 0-254 zu ermöglichen, wird die Methode `SetLightLevel()` von `FB_LampSetDirectDALI` überschrieben:

```
METHOD PUBLIC SetLightLevel
VAR_INPUT
  nNewLightLevel : USINT(0..254);
END_VAR
nLightLevel := nNewLightLevel;
```

---

[10] https://www.dali-alliance.org

Das Liskov Substitution Principle

Auch der neue Adapter-Funktionsblock (`FB_LampSetDirectDALIAdapter`) wird so angepasst, dass die Methoden den Wertebereich von 0-254 berücksichtigen.

Als Beispiel sollen hier die Methoden `DimUp()` und `On()` gezeigt werden:

```
METHOD PUBLIC DimUp
IF (fbLampSetDirectDALI.nLightLevel <= 249) THEN
   fbLampSetDirectDALI.SetLightLevel(
                   fbLampSetDirectDALI.nLightLevel + 5);
END_IF
IF (_ipObserver <> 0) THEN
   _ipObserver.Update(fbLampSetDirectDALI.nLightLevel);
END_IF

METHOD PUBLIC On
fbLampSetDirectDALI.SetLightLevel(254);
IF (_ipObserver <> 0) THEN
   _ipObserver.Update(fbLampSetDirectDALI.nLightLevel);
END_IF
```

Das vereinfachte UML-Diagramm zeigt die Integration der Funktionsblöcke für die DALI-Lampe in das bestehende Software-Design:

Das Liskov Substitution Principle

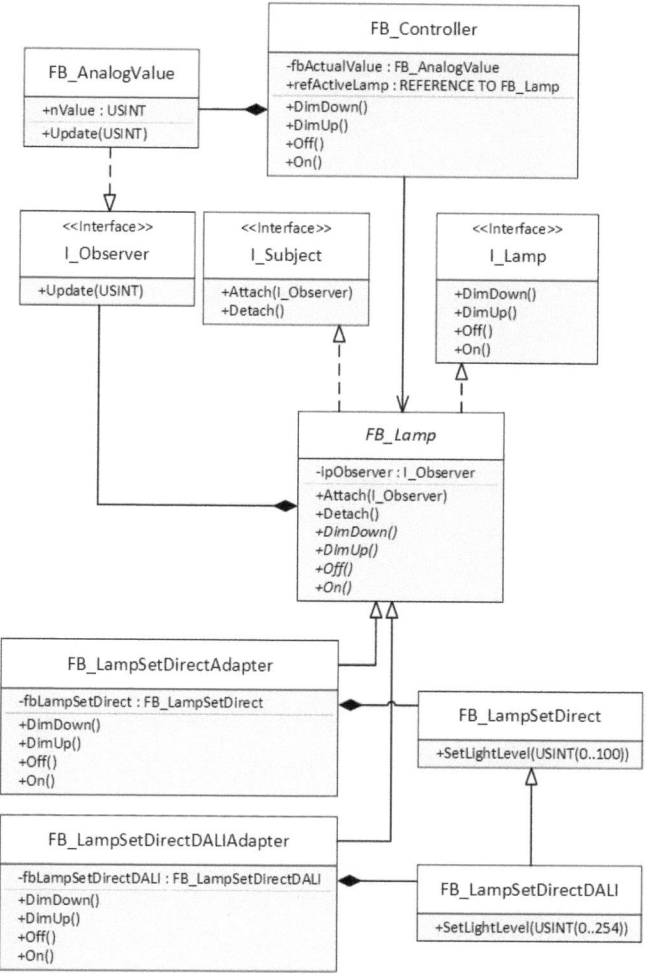

Das Beispiel steht für TwinCAT 3.1 auf GitHub zum Download bereit[11].

Dieser Ansatz setzt die Forderungen durch eine pragmatische Herangehensweise schnell und einfach um. Doch dadurch wurden auch einige

---

[11] https://github.com/StefanHenneken/Blog-2022-04-IEC61131-LSP-Sample01

Besonderheiten hinzugefügt, welche den Einsatz der Bausteine in einer Applikation erschweren.

Wie soll sich z.B. eine Bedieneroberfläche verhalten, wenn sich diese auf eine Instanz von `FB_Controller` verbindet und `FB_AnalogValue` einen Wert von 100 ausgibt? Bedeutet 100, dass die aktuelle Lampe auf 100 % steht, oder gibt die neue DALI-Lampe einen Wert von 100 aus, was deutlich unter 100 % liegen würde?

Der Anwender von `FB_Controller` muss immer den aktiven Lampentyp kennen, um den aktuellen Ausgangswert korrekt interpretieren zu können. `FB_LampSetDirectDALI` erbt zwar von `FB_LampSetDirect`, verändert aber dessen Verhalten. In diesem Beispiel durch das Überschreiben der Methode `SetLightLevel()`. Der abgeleitete FB (`FB_LampSetDirectDALI`) verhält sich anders als der Basis-FB (`FB_LampSetDirect`). `FB_LampSetDirect` kann nicht mehr durch `FB_LampSetDirectDALI` ersetzt (substituiert) werden. Das *Liskov Substitution Principle* wird verletzt.

6.3.2 Ansatz 2: Optionalität

Bei diesem Ansatz enthält jeder Lampentyp eine Eigenschaft, die Auskunft über die genaue Funktionsweise des Funktionsblocks zurückgibt.

In .NET wird z.B. dieser Ansatz in der abstrakten Klasse `System.IO.Stream` verwendet. Die Klasse `Stream` dient als Basisklasse für spezialisierte Streams (z.B. `FileStream` und `NetworkStream`) und legt die wichtigsten Methoden und Eigenschaften fest. Hierzu gehören auch die Methoden `Write()`, `Read()` und `Seek()`. Da nicht jeder Stream alle Funktionen zur Verfügung stellen kann, geben die Eigenschaften `CanRead`, `CanWrite` und `CanSeek` Auskunft darüber, ob die entsprechende Methode vom jeweiligen Stream unterstützt wird. So kann bei `NetworkStream` zur Laufzeit geprüft werden, ob ein Schreiben in den Stream möglich ist, oder ob es sich um einen read-only Stream handelt.

Bei unserem Beispiel wird `I_Lamp` durch die Eigenschaft `bIsDALIDevice` erweitert.

Dadurch erhält auch `FB_Lamp` und somit jeder Adapter-Funktionsblock diese Eigenschaft. Da die Funktionalität von `bIsDALIDevice` in allen Adapter-Funktionsblöcken gleich ist, wird `bIsDALIDevice` in `FB_Lamp` nicht als `ABSTRACT` deklariert. Dadurch ist es nicht notwendig, dass alle Adapter-Funktionsblöcke diese Eigenschaft selbst implementieren müssen. Die Funktionalität von `bIsDALIDevice` wird von `FB_Lamp` an alle Adapter-Funktionsblöcke vererbt.

Für `FB_LampSetDirectDALIAdapter` wird in der Methode `FB_init()` die Backing Variable der Eigenschaft `bIsDALIDevice` auf `TRUE` gesetzt:

```
METHOD FB_init : BOOL
VAR_INPUT
  bInitRetains : BOOL;
  bInCopyCode  : BOOL;
END_VAR
SUPER^._bIsDALIDevice := TRUE;
```

Bei allen anderen Adapter-Funktionsblöcken behält `_bIsDALIDevice` seinen Initialisierungswert (`FALSE`). Der Einsatz der Methode `FB_init()` ist bei diesen Adapter-Funktionsblöcken nicht notwendig.

Der Anwender von `FB_Controller` (Baustein `MAIN`) kann jetzt zur Laufzeit des Programms abfragen, ob die aktuelle Lampe eine DALI-Lampe ist oder nicht. Ist dieses der Fall, wird der Ausgangswert entsprechend auf 0-100 % skaliert:

```
IF (__ISVALIDREF(fbController.refActiveLamp) AND_THEN
    fbController.refActiveLamp.bIsDALIDevice) THEN
  nLightLevel := TO_USINT(fbController.fbActualValue.nValue
```

Das Liskov Substitution Principle

```
                                 * 100.0 / 254.0);
ELSE
  nLightLevel := fbController.fbActualValue.nValue;
END_IF
```

Anmerkung: Wichtig ist hierbei die Verwendung des Operators `AND_THEN` statt `THEN`. Hierdurch wird der Ausdruck rechts von `AND_THEN` nur dann ausgeführt, wenn der erste Operand (links von `AND_THEN`) `TRUE` ist. Das ist hierbei wichtig, da sonst bei einer ungültigen Referenz auf die aktive Lampe (`refActiveLamp`) der Ausdruck `fbController.refActiveLamp.bIsDALIDevice` die Ausführung des Programms beenden würde.

Im UML-Diagramm ist zu erkennen wie `FB_Lamp` über die Schnittstelle `I_Lamp` die Eigenschaft `bIsDALIDevice` erhält und somit von allen Adapter-Funktionsblöcken geerbt wird:

Das Liskov Substitution Principle

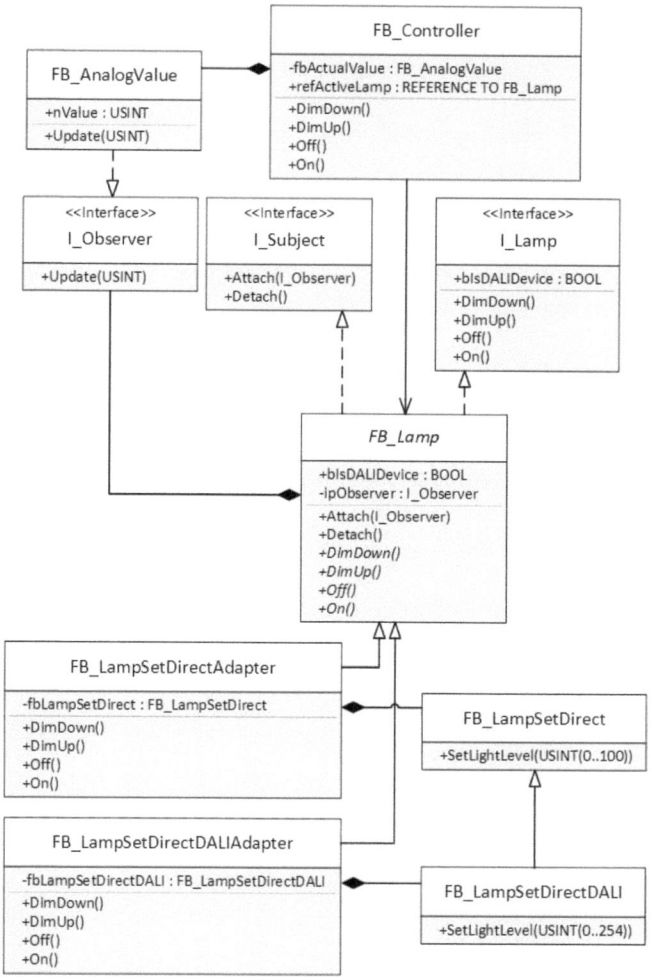

Das Beispiel steht für TwinCAT 3.1 auf GitHub zum Download bereit[12].

Auch bei diesem Ansatz wird das *Liskov Substitution Principle* weiterhin verletzt. `FB_LampSetDirectDALI` verhält sich nach wie vor unterschiedlich zu `FB_LampSetDirect`. Diese Unterschiedlichkeit muss vom Anwender

---

[12] https://github.com/StefanHenneken/Blog-2022-04-IEC61131-LSP-Sample02

berücksichtigt (Abfragen von `bIsDALIDevice`) und korrigiert (Skalierung auf 0-100 %) werden. Dieses wird schnell übersehen oder fehlerhaft umgesetzt.

6.3.3 Ansatz 3: Harmonisierung

Um das *Liskov Substitution Principle* nicht weiter zu verletzen, wird die Vererbung zwischen `FB_LampSetDirect` und `FB_LampSetDirectDALI` aufgelöst. Auch wenn beide Funktionsblöcke auf dem ersten Blick sehr ähnlich wirken, so sollte an dieser Stelle auf die Vererbung verzichtet werden.

Die Adapter-Funktionsblöcke stellen sicher, dass alle Lampentypen mit den gleichen Methoden steuerbar sind. Unterschiede gibt es allerdings weiterhin bei der Darstellung des Ausgangswertes.

In `FB_Controller` wird der Ausgangswert der aktiven Lampe durch eine Instanz von `FB_AnalogValue` dargestellt. Übermittelt wird ein neuer Ausgangswert durch die Methode `Update()`. Damit auch der Ausgangswert einheitlich dargestellt wird, wird vor dem Aufruf der Methode `Update()` dieser auf 0-100 % skaliert. Die notwendigen Anpassungen erfolgen ausschließlich in den Methoden `DimDown()`, `DimUp()`, `Off()` und `On()` von `FB_LampSetDirectDALIAdapter`.

Als Beispiel soll hier die Methode `On()` gezeigt werden:

```
METHOD PUBLIC On
fbLampSetDirectDALI.SetLightLevel(254);
IF (_ipObserver <> 0) THEN
  _ipObserver.Update(TO_USINT(fbLampSetDirectDALI.nLightLevel
                              * 100.0 / 254.0));
END_IF
```

Der Adapter-Funktionsblock enthält alle notwendigen Anweisungen, wodurch sich die DALI-Lampe nach Außen so verhält wie erwartet. `FB_LampSetDirectDALI` bleibt bei diesem Lösungsansatz unverändert.

Das Liskov Substitution Principle

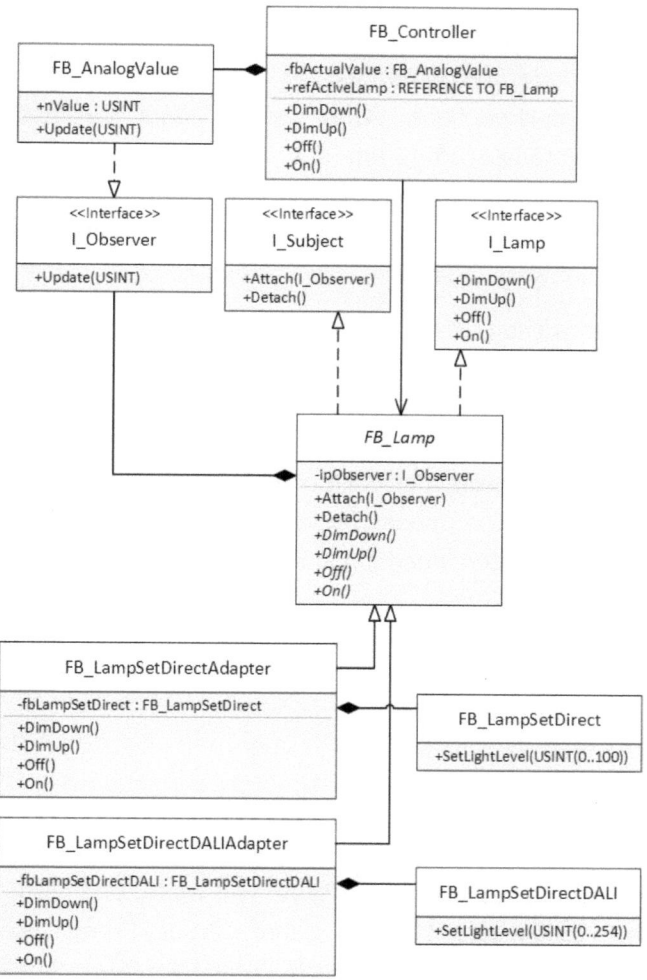

Das Beispiel steht für TwinCAT 3.1 auf GitHub zum Download bereit[13].

---

[13] https://github.com/StefanHenneken/Blog-2022-04-IEC61131-LSP-Sample03

6.4 Analyse der Optimierung

Durch verschiedene Techniken ist es uns möglich, die gewünschte Erweiterung zu implementieren, ohne dass das *Liskov Substitution Principle* verletzt wird. Voraussetzung, um das *Liskov Substitution Principle* zu verletzen, ist Vererbung. Wird das *Liskov Substitution Principle* verletzt, so ist dieses evtl. ein Hinweis auf eine schlechte Vererbungshierarchie innerhalb des Software-Designs.

Warum ist es wichtig, dass *Liskov Substitution Principle* einzuhalten? Funktionsblöcke können auch als Parameter übergeben werden. Würde ein POU einen Parameter vom Typ `FB_LampSetDirect` erwarten, so könnte, bei der Verwendung von Vererbung, auch `FB_LampSetDirectDALI` übergeben werden. Die Arbeitsweise der Methode `SetLightLevel()` ist aber bei beiden Funktionsblöcken unterschiedlich. Solche Unterschiede können zu unerwünschten Verhalten innerhalb einer Anlage führen.

6.5 Die Definition des Liskov Substitution Principle

> *Sei q(x) eine beweisbare Eigenschaft von Objekten x des Typs T. Dann soll q(y) für Objekte y des Typs S wahr sein, wobei S ein Untertyp von T ist.*

So lautet, etwas formeller ausgedrückt, die Definition des *Liskov Substitution Principle* von Barbara Liskov. Wie weiter oben schon erwähnt, wurde schon Ende der 1980iger Jahre dieses Prinzip definiert. Die vollständige Ausarbeitung hierzu wurde unter dem Titel *Data Abstraction and Hierarchy* [14] veröffentlicht.

Barbara Liskov promovierte 1968 als eine der ersten Frauen in Informatik. 2008 erhielt sie, ebenfalls als eine der ersten Frauen, den Turing Award.

---

[14] https://www.cs.tufts.edu/~nr/cs257/archive/barbara-liskov/data-abstraction-and-hierarchy.pdf

Schon früh beschäftigte sie sich mit der objektorientierten Programmierung und somit auch mit der Vererbung von Klassen (Funktionsblöcken).

Die Vererbung stellt zwei Funktionsblöcke in eine bestimmte Beziehung zueinander. Vererbung beschreibt hierbei eine ist–ein-Beziehung. Erbt `FB_LampSetDirectDALI` von `FB_LampSetDirect`, so ist die DALI-Lampe eine (normale) Lampe, erweitert um besondere (zusätzliche) Funktionen. Überall wo `FB_LampSetDirect` verwendet wird, könnte auch `FB_LampSetDirectDALI` zum Einsatz kommen. `FB_LampSetDirect` kann durch `FB_LampSetDirectDALI` substituiert werden. Ist dieses nicht sichergestellt, so sollte die Vererbung an dieser Stelle hinterfragt werden.

Robert C. Martin hat dieses Prinzip mit in die SOLID-Prinzipien aufgenommen. In dem Buch *Clean Architecture: Das Praxis-Handbuch für professionelles Softwaredesign* wird dieses Prinzip weiter erläutert und auf den Bereich der Softwarearchitektur ausgedehnt.

6.6 Zusammenfassung

Durch die Erweiterung des obigen Beispiels, haben Sie das *Liskov Substitution Principle* kennen gelernt. Gerade komplexe Vererbungshierarchien sind anfällig für die Verletzung dieses Prinzips. Obwohl sich die formelle Definition des *Liskov Substitution Principle* kompliziert anhört, so ist die Kernaussage dieses Prinzips doch einfach zu verstehen.

7 Das Interface Segregation Principle

Der Grundgedanke des *Interface Segregation Principle* hat starke Ähnlichkeit mit dem *Single Responsibility Principle*: Module mit zu vielen Zuständigkeiten können die Pflege und Wartbarkeit eines Softwaresystem negativ beeinflussen. Das *Interface Segregation Principle* legt den Schwerpunkt hierbei auf die Schnittstelle des Moduls. Ein Modul sollte nur die Schnittstellen implementieren, die für seine Aufgabe benötigt werden. Im Folgenden wird gezeigt, wie dieses Designprinzip umgesetzt werden kann.

7.1 Ausgangssituation

Im letzten Kapitel, über das *Liskov Substitution Principle*, wurde das Beispiel um einen weiteren Lampentyp (`FB_LampSetDirectDALI`) erweitert. Das Besondere an diesem Lampentyp ist die Skalierung des Ausgangswertes. Während die anderen Lampentypen 0-100 % ausgeben, gibt der neue Lampentyp einen Wert von 0 bis 254 aus.

So wie alle anderen Lampentypen, besitzt auch der neue Lampentyp (DALI-Lampe) einen Adapter (`FB_LampSetDirectDALIAdapter`). Die Adapter sind bei der Umsetzung des *Single Responsibility Principle* hinzugekommen und stellen sicher, dass die Funktionsblöcke der einzelnen Lampentypen nur für eine einzelne Fachlichkeit zuständig sind.

Das Beispielprogramm wurde zuletzt so angepasst, dass von dem neuen Lampentyp (`FB_LampSetDirectDALI`) der Ausgangswert innerhalb des Adapters von 0-254 auf 0-100 % skaliert wird. Dadurch verhält sich die DALI-Lampe genau wie die anderen Lampentypen, ohne das *Liskov Substitution Principle* zu verletzen.

Dieses Beispielprogramm soll uns jetzt als Ausgangssituation für die Erklärung des *Interface Segregation Principle* dienen.

Das Interface Segregation Principle

7.2 Erweiterung der Implementierung

Auch dieses Mal, soll die Anwendung erweitert werden. Allerdings wird nicht ein neuer Lampentyp definiert, sondern ein vorhandener Lampentyp wird um eine Funktionalität erweitert. Die DALI-Lampe soll in der Lage sein, die Betriebsstunden zu zählen. Hierzu wird der Funktionsblock `FB_LampSetDirectDALI` um die Eigenschaft `nOperatingTime` erweitert:

`PROPERTY PUBLIC nOperatingTime : DINT`

Über den Setter kann der Betriebsstundenzähler auf einen beliebigen Wert gesetzt werden, während der Getter den aktuellen Zustand des Betriebsstundenzählers zurückgibt.

Da `FB_Controller` die einzelnen Lampentypen repräsentiert, wird dieser Funktionsblock ebenfalls um `nOperatingTime` erweitert:

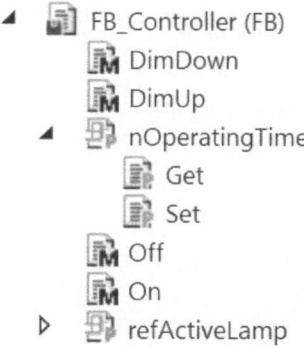

Die Erfassung der Betriebsstunden erfolgt im Funktionsblock `FB_LampSetDirectDALI`. Ist der Ausgangswert > 0, so wird jede Sekunde der Betriebsstundenzähler um 1 erhöht:

Das Interface Segregation Principle

```
IF (nLightLevel > 0) THEN
  tonDelay(IN := TRUE, PT := T#1S);
  IF (tonDelay.Q) THEN
    tonDelay(IN := FALSE);
    _nOperatingTime := _nOperatingTime + 1;
  END_IF
ELSE
  tonDelay(IN := FALSE);
END_IF
```

Die Variable `_nOperatingTime` ist die Backing Variable für die neue Eigenschaft `nOperatingTime` und ist im Funktionsblock deklariert.

Welche Möglichkeiten gibt es, um den Wert von `nOperatingTime` aus `FB_LampSetDirectDALI` in die Eigenschaft `nOperatingTime` von `FB_Controller` zu übertragen? Auch hier gibt es jetzt verschiedene Ansätze, um die geforderte Erweiterung in die gegebene Softwarestruktur zu integrieren.

7.2.1 Ansatz 1: Erweiterung von I_Lamp

Die Eigenschaft für das neue Leistungsmerkmal wird mit in die Schnittstelle `I_Lamp` integriert. Somit erhält auch der abstrakte Funktionsblock `FB_Lamp` die Eigenschaft `nOperatingTime`. Da alle Adapter von `FB_Lamp` erben, erhalten die Adapter aller Lampentypen diese Eigenschaft, unabhängig ob der Lampentyp einen Betriebsstundenzähler unterstützt oder nicht.

Der Getter und der Setter von `nOperatingTime` in `FB_Controller` können somit direkt auf `nOperatingTime` der einzelnen Adapter der Lampentypen zugreifen. Der Getter von `FB_Lamp` (abstrakter Funktionsblock, von dem alle Adapter erben) liefert den Wert -1 zurück. Somit kann das Fehlen des Betriebsstundenzählers erkannt werden:

```
IF (fbController.nOperatingTime >= 0) THEN
  nOperatingTime := fbController.nOperatingTime;
ELSE
  // service not supported
END_IF
```

Da `FB_LampSetDirectDALI` den Betriebsstundenzähler unterstützt, überschreibt der Adapter (`FB_LampSetDirectDALIAdapter`) die Eigenschaft `nOperatingTime`. Der Getter und der Setter vom Adapter greifen auf `nOperatingTime` von `FB_LampSetDirectDALI` zu. Der Wert des Betriebsstundenzählers wird somit bis zu `FB_Controller` weitergegeben.

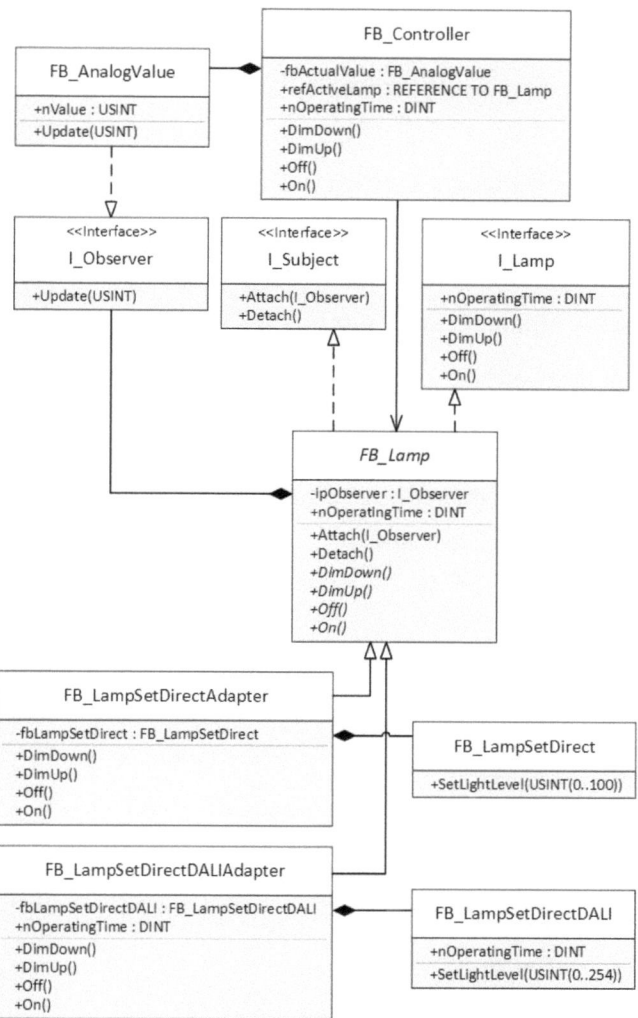

Das Interface Segregation Principle

Das Beispiel steht für TwinCAT 3.1 auf GitHub zum Download bereit[15].

Dieser Ansatz setzt das Leistungsmerkmal wie gewünscht um. Auch werden keine der bisher gezeigten SOLID-Prinzipien verletzt.

Allerdings wird die zentrale Schnittstelle `I_Lamp` erweitert, nur um bei einem Lampentyp ein weiteres Leistungsmerkmal hinzuzufügen. Alle anderen Adapter der Lampentypen, auch die, die das neue Leistungsmerkmal nicht unterstützen, erhalten über den abstrakten Basis-FB `FB_Lamp` ebenfalls die Eigenschaft `nOperatingTime`.

Mit jedem Leistungsmerkmal, welches auf diese Weise hinzugefügt wird, vergrößert sich die Schnittstelle `I_Lamp` und somit auch der abstrakte Basis-FB `FB_Lamp`.

7.2.2 Ansatz 2: zusätzliche Schnittstelle

Bei diesem Ansatz wird die Schnittstelle `I_Lamp` nicht erweitert, sondern es wird für die gewünschte Funktionalität eine neue Schnittstelle (`I_OperatingTime`) hinzugefügt. `I_OperatingTime` enthält nur die Eigenschaft, die für das Bereitstellen des Betriebsstundenzählers notwendig ist:

```
PROPERTY PUBLIC nOperatingTime : DINT
```

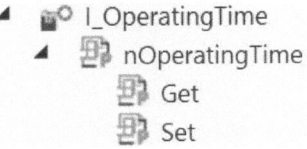

Implementiert wird diese Schnittstelle vom Adapter `FB_LampSetDirectDALIAdapter`:

```
FUNCTION_BLOCK PUBLIC FB_LampSetDirectDALIAdapter
                        EXTENDS FB_Lamp
                        IMPLEMENTS I_OperatingTime
```

---

[15] https://github.com/StefanHenneken/Blog-2022-06-IEC61131-ISP-Sample01

Somit erhält `FB_LampSetDirectDALIAdapter` die Eigenschaft `nOperationTime` nicht über `FB_Lamp` bzw. `I_Lamp`, sondern über die neue Schnittstelle `I_OperatingTime`.

Greift `FB_Controller` im Getter von `nOperationTime` auf den aktiven Lampentyp zu, so wird vor dem Zugriff geprüft, ob der ausgewählte Lampentyp die Schnittstelle `I_OperatingTime` implementiert. Ist dieses der Fall, so wird über `I_OperatingTime` auf die Eigenschaft zugegriffen. Hat der Lampentyp die Schnittstelle nicht implementiert, wird -1 zurückgegeben:

```
VAR
   ipOperatingTime : I_OperatingTime;
END_VAR
IF (__ISVALIDREF(_refActiveLamp)) THEN
  IF (__QUERYINTERFACE(_refActiveLamp, ipOperatingTime)) THEN
    nOperationTime := ipOperatingTime.nOperatingTime;
  ELSE
    nOperationTime := -1; // service not supported
  END_IF
END_IF
```

Ähnlich ist der Setter von `nOperationTime` aufgebaut. Nach der erfolgreichen Prüfung, ob `I_OperatingTime` von der aktiven Lampe implementiert wird, erfolgt über die Schnittstelle der Zugriff auf die Eigenschaft:

```
VAR
   ipOperatingTime : I_OperatingTime;
END_VAR
IF (__ISVALIDREF(_refActiveLamp)) THEN
  IF (__QUERYINTERFACE(_refActiveLamp, ipOperatingTime)) THEN
    ipOperatingTime.nOperatingTime := nOperationTime;
  END_IF
END_IF
```

Das Interface Segregation Principle

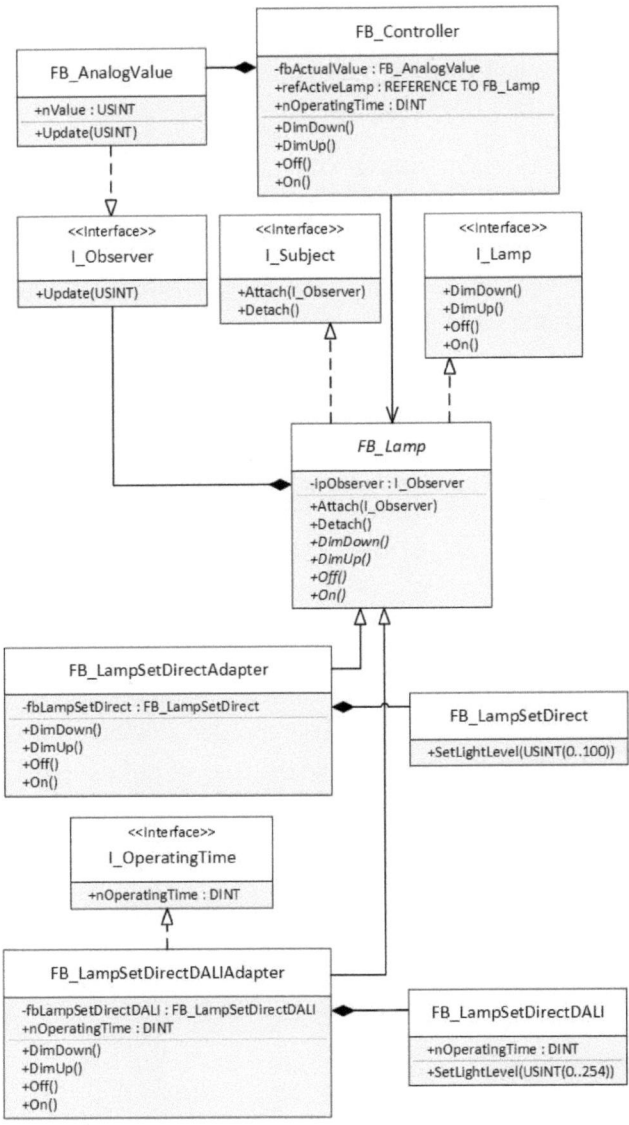

Das Beispiel steht für TwinCAT 3.1 auf GitHub zum Download bereit[16].

---

[16] https://github.com/StefanHenneken/Blog-2022-06-IEC61131-ISP-Sample02

7.3 Analyse der Optimierung

Das Verwenden einer separaten Schnittstelle für das zusätzliche Leistungsmerkmal entspricht der „Optionalität" aus dem Kapitel über das *Liskov Substitution Principle*. In dem obigen Beispiel kann zur Laufzeit des Programms geprüft werden (mit `__QUERYINTERFACE()`), ob eine bestimmte Schnittstelle implementiert und somit das jeweilige Leistungsmerkmal unterstützt wird. Weitere Eigenschaften, wie `bIsDALIDevice` aus dem „Optionalität"-Beispiel, sind bei diesem Lösungsansatz nicht notwendig.

Wird pro Leistungsmerkmal bzw. Funktionalität eine separate Schnittstelle angeboten, können andere Lampentypen diese ebenfalls implementieren, um so das gewünschte Leistungsmerkmal umzusetzen. Soll `FB_LampSetDirect` ebenfalls einen Betriebsstundenzähler erhalten, so muss `FB_LampSetDirect` um die Eigenschaft `nOperatingTime` erweitert werden. Außerdem muss `FB_LampSetDirectAdapter` die Schnittstelle `I_OperatingTime` implementieren. Alle anderen Funktionsblöcke, auch `FB_Controller`, bleiben unverändert.

Ändert sich die Funktionsweise der Betriebsstundenzähler und `I_OperatingTime` erhält zusätzliche Methoden, so müssen nur die Funktionsblöcke angepasst werden, die auch das Leistungsmerkmal unterstützen.

Beispiele für das *Interface Segregation Principle* sind auch im .NET zu finden. So gibt es in .NET die Schnittstelle `IList`. Diese Schnittstelle enthält Methoden und Eigenschaften für das Anlegen, Verändern und Lesen von Auflistungen. Je nach Anwendungsfall ist es aber ausreichend, dass der Anwender eine Auflistung nur lesen muss. Das Übergeben einer Auflistung durch `IList` würde in diesem Fall aber auch Methoden anbieten, um die Auflistung zu verändern. Für diese Anwendungsfälle gibt es die Schnittstelle `IReadOnlyList`. Mit dieser Schnittstelle kann eine Auflistung nur gelesen werden. Ein versehentliches Verändern der Daten ist somit nicht möglich.

Das Aufteilen von Fachlichkeiten in einzelne Schnittstellen erhöht somit nicht nur die Wartbarkeit, sondern auch die Sicherheit eines Softwaresystems.

7.4 Die Definition des Interface Segregation Principle

Damit kommen wir auch schon zur Definition des *Interface Segregation Principle*:

> Ein Modul, das eine Schnittstelle benutzt, sollte nur diejenigen Methoden präsentiert bekommen, die sie auch wirklich benötigt.

Oder etwas anders formuliert:

> Clients sollten nicht gezwungen werden, von Methoden abhängig zu sein, die sie nicht benötigen.

Ein Softwareentwurf kann im Laufe seiner Entwicklungszyklen jederzeit noch angepasst werden. Wenn Sie also das Gefühl haben, das eine Schnittstelle zu viele Funktionalitäten beinhaltet, prüfen Sie, ob eine Aufteilung möglich ist.

Ein häufiges Argument gegen das *Interface Segregation Principle* ist die erhöhte Anzahl von Schnittstellen. Natürlich sollte ein Overengineering immer vermieden werden. Ein gewisses Maß an Erfahrung kann hierbei hilfreich sein.

Abstrakte Funktionsblöcke stellen ebenfalls eine Schnittstelle (siehe `FB_Lamp`) dar. In einem abstrakten Funktionsblock können Grundfunktionen enthalten sein, die der Anwender nur um die notwendigen Details ergänzt. Es ist nicht notwendig, alle Methoden oder Eigenschaften selbst zu implementieren. Aber auch hierbei ist es wichtig, den Anwender nicht mit Fachlichkeiten zu belasten, die für seine Aufgaben nicht notwendig sind. Die

Menge der abstrakten Methoden und Eigenschaften sollte möglichst klein sein.

Die Beachtung des *Interface Segregation Principle* hält Schnittstellen zwischen Funktionsblöcken so klein wie möglich, wodurch die Kopplung zwischen den einzelnen Funktionsblöcken reduziert wird.

7.5 Zusammenfassung

Soll ein Softwaresystem weitere Leistungsmerkmale abdecken, so reflektieren Sie die neuen Anforderungen und erweitern Sie nicht voreilig bestehende Schnittstellen. Prüfen Sie, ob separate Schnittstellen nicht die bessere Entscheidung sind. Als Belohnung erhalten Sie ein Softwaresystem das leichter zu pflegen, besser zu testen und einfacher zu erweitern ist.

8 Das Open/Closed Principle

Vererbung ist eine beliebte Methode, um bestehende Funktionsblöcke wiederzuverwenden. Dadurch lassen sich Methoden und Eigenschaften hinzufügen oder bestehende Methoden überschreiben. Hierbei ist es nicht notwendig, den Quellcode des Basis-FB zur Verfügung zu haben. Software so zu designen, dass Erweiterungen möglich sind, ohne die vorhandene Software zu verändern, ist die Grundidee des *Open/Closed Principle*. Doch die Anwendung von Vererbung hat hierbei auch Nachteile. Der Einsatz von Schnittstellen minimiert diese Nachteile und bietet zusätzliche Vorteile.

Mit anderen Worten: Das Verhalten von Software sollte erweiterbar sein, ohne dass sie modifiziert werden muss. Angelehnt an das Beispiel aus den bisherigen Kapiteln, soll ein Funktionsblock entwickelt werden, um Sequenzen für die Ansteuerung von Lampen zu verwalten. Anschließend wird der Funktionsblock um zusätzliche Funktionen erweitert. Anhand dieses Beispiels wird die Grundidee des *Open/Closed Principle* genauer betrachtet.

8.1 Ausgangssituation

Zentraler Ausgangspunkt ist der Funktionsblock `FB_SequenceManager`. Dieser stellt über die Eigenschaft `aSequence` die einzelnen Schritte einer Sequenz zur Verfügung. Über die Methode `Sort()` kann die Liste nach verschiedenen Kriterien sortiert werden.

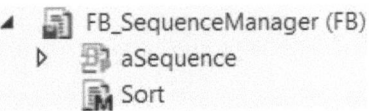

Die Eigenschaft `aSequence` ist ein Array und enthält Elemente vom Typ `ST_SequenceItem`:

`PROPERTY PUBLIC aSequence : ARRAY [1..5] OF ST_SequenceItem`

Um das Beispiel überschaubar zu halten, wird mit festen Arraygrenzen von 1 bis 5 gearbeitet. Die Array-Elemente sind vom Typ `ST_SequenceItem` und enthalten eine eindeutige Id (`nId`), den Ausgangswert (`nValue`) für die

Lampen und die Dauer (nDuration) bis zum Umschalten auf den nächsten Ausgangswert:

```
TYPE ST_SequenceItem :
STRUCT
  nId        : UINT;
  nValue     : USINT(0..100);
  nDuration  : UINT;
END_STRUCT
END_TYPE
```

Auf sämtliche Methoden für die Bearbeitung der Sequenz wurde im Rahmen dieses Beispiels verzichtet. Allerdings enthält das Beispiel die Methode Sort(), um die Liste nach verschiedenen Kriterien zu sortieren:

```
METHOD PUBLIC Sort
VAR_INPUT
  eSortedOrder : E_SortedOrder;
END_VAR
```

Die Liste kann aufsteigend nach nId oder nValue sortiert werden:

```
TYPE E_SortedOrder :
(
  Id,
  Value
);
END_TYPE
```

In der Methode Sort() wird durch den Eingangsparameter eSortedOrder entschieden, ob nach nId oder nach nValue sortiert werden soll:

```
CASE eSortedOrder OF
  E_SortedOrder.Id:
    // Sort the list by nId
    // ...
  E_SortedOrder.Value:
    // Sort the list by nValue
    // ...
END_CASE
```

Bei dem Beispiel handelt es sich um eine einfache monolithische Anwendung, welche in kurzer Zeit erstellt werden kann, um die gewünschten Anforderungen zu erfüllen.

Das Open/Closed Principle

Das UML-Diagramm zeigt recht deutlich den monolithischen Aufbau der Anwendung:

FB_SequenceManager
+aSequence : ARRAY [1..5] OF ST_SequenceItem
+Sort(E_SortedOrder)

Dabei wurde allerdings nicht berücksichtigt, mit welchem Aufwand zukünftige Erweiterungen realisierbar sind.

Das Beispiel steht für TwinCAT 3.1 auf GitHub zum Download bereit[17].

8.2 Erweiterung der Implementierung

Die Anwendung soll so erweitert werden, dass nicht nur nach `nId` und `nValue` sortiert werden kann, sondern auch zusätzlich nach `nDuration`. Bisher wurde die Liste immer aufsteigend sortiert. Eine absteigende Sortierung ist ebenfalls gewünscht.

Wie lässt sich unser Beispiel anpassen, damit die beiden Kundenwünsche erfüllt werden?

8.2.1 Ansatz 1: Quick & Dirty

Ein Ansatz besteht darin, die vorhandene Methode `Sort()` einfach zu erweitern, so dass diese auch nach `nDuration` sortieren kann. Hierzu wird `E_SortedOrder` um das Feld `eDuration` erweitert:

```
TYPE E_SortedOrder :
(
  Id,
  Value,
  Duration
);
END_TYPE
```

---

[17] https://github.com/StefanHenneken/Blog-2023-01-IEC61131-OCP-Sample01

Zusätzlich wird noch ein Parameter benötigt, der angibt ob in aufsteigender oder in absteigender Reihenfolge sortiert werden soll:

```
TYPE E_SortedDirection :
(
  Ascending,
  Descending
);
END_TYPE
```

Somit besitzt die Methode `Sort()` **jetzt zwei Parameter:**

```
METHOD PUBLIC Sort
VAR_INPUT
  eSortedOrder      : E_SortedOrder;
  eSortedDirection  : E_SortedDirection;
END_VAR
```

Die Methode `Sort()` enthält jetzt zwei ineinander verschachtelte CASE-Anweisungen. Die Äußere für die Auswahl der Sortierrichtung und die Innere für das Element nach dem sortiert wird:

```
CASE eSortedDirection OF
  E_SortedDirection.Ascending:
    CASE eSortedOrder OF
      E_SortedOrder.Id:
        // Sort the list by nId in ascending order
        // ...
      E_SortedOrder.Value:
        // Sort the list by nValue in ascending order
        // ...
      E_SortedOrder.Duration:
        // Sort the list by nDuration in ascending order
        // ...
    END_CASE
  E_SortedDirection.Descending:
    CASE eSortedOrder OF
      E_SortedOrder.Id:
        // Sort the list by nId in descending order
        // ...
      E_SortedOrder.Value:
        // Sort the list by nValue in descending order
        // ...
      E_SortedOrder.Duration:
        // Sort the list by nDuration in descending order
        // ...
    END_CASE
```

```
    END_CASE
END_CASE
```

Dieser Ansatz ist schnell umzusetzen. Bei einer kleinen Anwendung, wo der Quellcode nicht sehr umfangreich ist, durchaus ein guter Ansatz. Allerdings muss der Quellcode zur Verfügung stehen, damit diese Erweiterungen überhaupt möglich sind. Außerdem muss sichergestellt sein, dass `FB_SequenceManager` nicht mit anderen Projekten geteilt wird, z. B. durch eine SPS-Bibliothek in der `FB_SequenceManager` enthalten ist. Da bei der Methode `Sort()` ein Parameter hinzugekommen ist, hat sich die Signatur geändert. Programmteile, die die Methode mit einem Parameter aufrufen, lassen sich dadurch nicht mehr compilieren.

Durch das UML-Diagramm ist gut zu erkennen, dass sich die Struktur nicht geändert hat. Es ist weiterhin eine sehr monolithische Anwendung:

FB_SequenceManager
+aSequence : ARRAY [1..5] OF ST_SequenceItem
+Sort(E_SortedOrder, E_SortedDirection)

Das Beispiel steht für TwinCAT 3.1 auf GitHub zum Download bereit[18].

8.2.2 Ansatz 2: Vererbung

Ein weiterer Ansatz, um die Anwendung mit den gewünschten Funktionen zu erweitern, ist der Einsatz von Vererbung. Dadurch lassen sich Funktionsblöcke erweitern, ohne dass der vorhandene Funktionsblock verändert werden muss.

Hierzu wird als erstes ein neuer Funktionsblock angelegt, der von `FB_SequenceManager` erbt:

```
FUNCTION_BLOCK PUBLIC FB_SequenceManagerEx
                     EXTENDS FB_SequenceManager
```

---

[18] https://github.com/StefanHenneken/Blog-2023-01-IEC61131-OCP-Sample02

Der neue Funktionsblock erhält die Methode `SortEx()`, mit den beiden Parametern, welche die gewünschte Sortierung vorgibt:

```
METHOD PUBLIC SortEx : BOOL
VAR_INPUT
  eSortedOrder      : E_SortedOrderEx;
  eSortedDirection  : E_SortedDirection;
END_VAR
```

Auch hier wird wieder der Datentyp `E_SortedDirection` hinzugefügt, der angibt ob in aufsteigender oder in absteigender Reihenfolge sortiert werden soll:

```
TYPE E_SortedDirection :
(
  Ascending,
  Descending
);
END_TYPE
```

Statt `E_SortedOrder` zu erweitern, wir ein neuer Datentyp angelegt:

```
TYPE E_SortedOrderEx :
(
  Id,
  Value,
  Duration
);
END_TYPE
```

In der Methode `SortEx()` können jetzt die gewünschten Sortierungen umgesetzt werden.

Bei der Sortierung in aufsteigender Reihenfolge ist der Zugriff auf die Methode `Sort()` des Basis-FBs (`FB_SequenceManager`) möglich. Dadurch ist eine erneute Implementierung der schon vorhandenen Sortieralgorithmen nicht erforderlich. Nur die zusätzliche Sortierung muss hinzugefügt werden:

```
CASE eSortedOrder OF
  E_SortedOrderEx.Id:
    SUPER^.Sort(E_SortedOrder.Id);
  E_SortedOrderEx.Value:
    SUPER^.Sort(E_SortedOrder.Value);
  E_SortedOrderEx.Duration:
```

Das Open/Closed Principle

```
    // Sort the list by nDuration in ascending order
    // ...
END_CASE
```

Die Sortierung in absteigender Reihenfolge muss allerdings komplett programmiert werden, da hier nicht auf bestehende Methoden zurückgegriffen werden kann.

Erbt ein Funktionsblock von einem anderen Funktionsblock, so erhält der neue Funktionsblock den Funktionsumfang des Basis-FBs. Durch zusätzliche Methoden und Eigenschaften kann dieser erweitert werden, ohne die Notwendigkeit, den Basis-FB zu verändern (offen für Erweiterungen). Durch den Einsatz von Bibliotheken kann der Quellcode auch komplett vor Veränderung geschützt werden (geschlossen gegen Modifikationen).

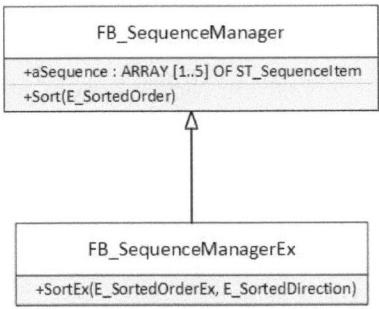

Vererbung ist somit eine Methode, um das *Open/Closed Principle* umzusetzen.

Das Beispiel steht für TwinCAT 3.1 auf GitHub zum Download bereit[19].

Dieser Ansatz hat allerdings zwei Nachteile:

Durch den übermäßigen Einsatz von Vererbung können komplexe Hierarchien entstehen. Ein abgeleiteter FB ist fest an seinen Basis-FB gebunden. Wird der Basis-FB um weitere Methoden oder Eigenschaften erweitert, so erbt auch jeder abgeleitete FB diese Elemente (wenn diese PUBLIC sind),

---

[19] https://github.com/StefanHenneken/Blog-2023-01-IEC61131-OCP-Sample03

auch dann, wenn der abgeleitete FB diese Elemente nach Außen gar nicht anbieten möchte.

Eine Erweiterung durch Vererbung ist unter Umständen nur dann möglich, wenn die abgeleiteten Funktionsblöcke auf die internen Zustände des Basis-FBs Zugriff haben. Der Zugriff auf diese internen Elemente kann durch `PROTECTED` gekennzeichnet werden. Somit können nur abgeleitete Funktionsblöcke darauf zugreifen.

Im obigen Beispiel konnten nur deshalb die Sortieralgorithmen hinzugefügt werden, weil der Getter der Eigenschaft `aSequence` als `PROTECTED` deklariert wurde. Wäre ein Schreibzugriff auf die Eigenschaft `aSequence` nicht möglich, so könnte der abgeleitete Funktionsblock die Liste nicht verändern und somit auch nicht sortieren.

Dieses bedeutet aber, dass der Entwickler dieses Funktionsblocks immer zwei Anwendungsfälle berücksichtigen muss. Zum einen den Anwender, der die öffentlichen Methoden und Eigenschaften verwendet. Zusätzlich aber noch den Anwender, der den Funktionsblock als Basis-FB verwendet und auch über die `PROTECTED` Elemente neue Funktionalitäten hinzufügt. Doch welche internen Elemente sollen als `PROTECTED` markiert werden? Auch müssen diese Elemente dokumentiert werden, damit eine Anwendung überhaupt möglich ist.

8.2.3 Ansatz 3: zusätzliche Schnittstelle

Ein weiterer Lösungsansatz ist der Einsatz von Schnittstellen anstatt der Vererbung. Allerdings muss dieses direkt bei dem Design berücksichtigt werden.

Soll `FB_SequenceManager` so entworfen werden, dass der Anwender des Funktionsblocks beliebige Sortieralgorithmen hinzufügen kann, so sollte der Code für das Sortieren der Liste aus `FB_SequenceManager` entfernt werden. Der Zugriff aus dem Sortieralgorithmus auf die Liste sollte stattdessen über eine Schnittstelle erfolgen.

Das Open/Closed Principle

Bezogen auf unser Beispiel wird die Schnittstelle `I_SequenceSortable` hinzugefügt. Diese Schnittstelle enthält die Methode `SortList()`, welche eine Referenz auf die zu sortierende Liste enthält:

```
METHOD SortList
VAR_INPUT
  refSequence : REFERENCE TO ARRAY [1..5] OF ST_SequenceItem;
END_VAR
```

Als nächstes werden die Funktionsblöcke angelegt, in denen die jeweiligen Sortieralgorithmen hinterlegt sind. Jeder dieser Funktionsblöcke implementiert die Schnittstelle `I_SequenceSortable`. Als Beispiel wird hier der Funktionsblock gezeigt, der nach `nId` aufsteigend sortiert:

```
FUNCTION_BLOCK PUBLIC FB_SequenceSortedByIdAscending
                         IMPLEMENTS I_SequenceSortable
```

Der Name des Funktionsblocks ist beliebig, entscheidend ist die Implementierung der Schnittstelle `I_SequenceSortable`. Dadurch ist sichergestellt das `FB_SequenceSortedByIdAscending` die Methode `SortList()` enthält. In der Methode `SortList()` wird der eigentliche Sortieralgorithmus implementiert:

```
METHOD SortList
VAR_INPUT
  refSequence : REFERENCE TO ARRAY [1..5] OF ST_SequenceItem;
END_VAR
// Sort the list by nId in ascending order
// ...
```

`FB_SequenceManager` erhält in der Methode `Sort()` einen Parameter vom Typ `I_SequenceSortable`. Wird die Methode `Sort()` aufgerufen, so wird ein Funktionsblock (z.B. `FB_SequenceSortedByIdAscending`) übergeben, welcher die Schnittstelle `I_SequenceSortable` implementiert und somit auch die Methode `SortList()` enthält. In der Methode `Sort()` von `FB_SequenceManager` wird `SortList()` aufgerufen und eine Referenz der Liste `aSequence` übergeben:

```
METHOD PUBLIC Sort
VAR_INPUT
  ipSequenceSortable    : I_SequenceSortable;
```

Das Open/Closed Principle

```
END_VAR
IF (ipSequenceSortable <> 0) THEN
  ipSequenceSortable.SortList(THIS^._aSequence);
END_IF
```

Dadurch erhält der Funktionsblock mit dem implementierten Sortieralgorithmus die Referenz auf die zu sortierende Liste.

Für jeden gewünschten Sortieralgorithmus wird ein Funktionsblock erstellt. Somit stehen uns zum einen `FB_SequenceManager` mit der Methode `Sort()` zur Verfügung und zum anderen die Funktionsblöcke, welche die Schnittstelle `I_SequenceSortable` implementieren und die Sortieralgorithmen enthalten.

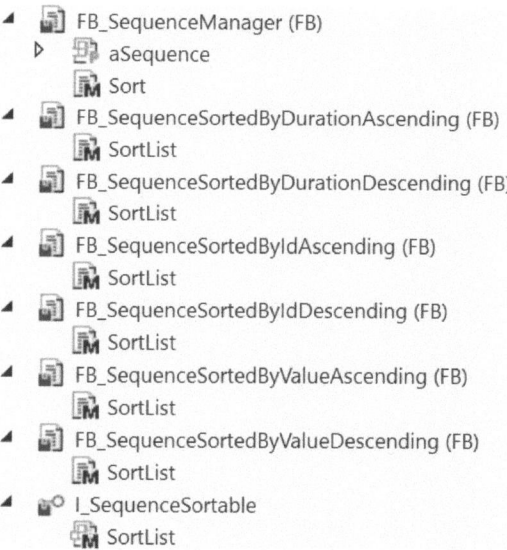

Wird von `FB_SequenceManager` die Methode `Sort()` aufgerufen, so wird ein Funktionsblock übergeben (hier `FB_SequenceSortedByIdAscending`). Dieser Funktionsblock enthält die Schnittstelle `I_SequenceSortable` über die anschließend die Methode `SortList()` aufgerufen wird:

```
PROGRAM MAIN
VAR
  fbSequenceManager                : FB_SequenceManager;
```

Das Open/Closed Principle

```
        fbSequenceSortedByIdAscending :
                        FB_SequenceSortedByIdAscending;
        // ...
END_VAR
fbSequenceManager.Sort(fbSequenceSortedByIdAscending);
// ...
```

Bei diesem Ansatz wird keine Vererbung angewendet. Die Funktionsblöcke für die Sortieralgorithmen könnten ihre eigene Vererbungshierarchie anwenden, falls dieses gefordert wird. Ebenfalls könnten die Funktionsblöcke weitere Schnittstellen implementieren, da das Implementieren mehrerer Schnittstellen möglich ist.

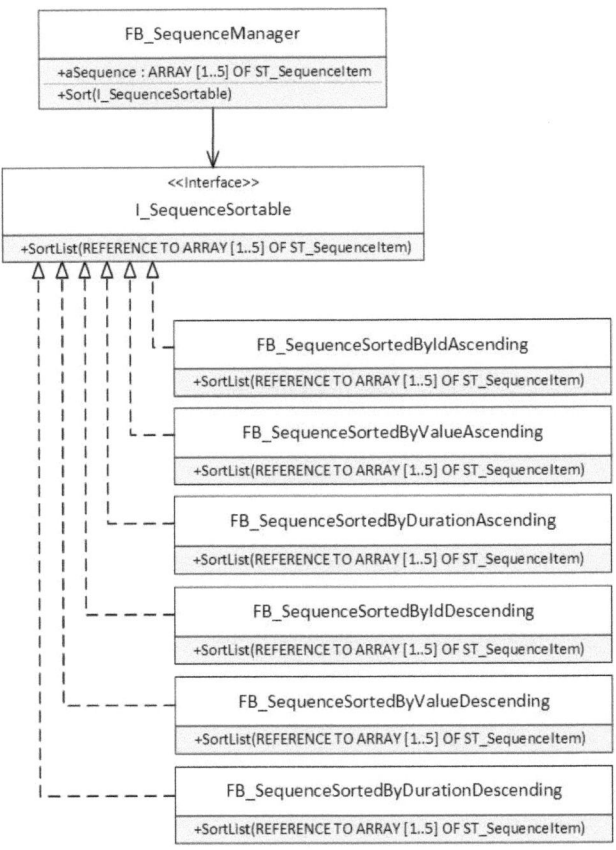

Datenhaltung (Liste) und Datenverarbeitung (Sortierung) sind durch den Einsatz der Schnittstelle klar voneinander getrennt. Die Eigenschaft `aSequence` benötigt keinen Schreibzugriff. Auch sind Zugriffe auf interne Variablen von `FB_SequenceManager` nicht notwendig.

Auch die beiden Datentypen `E_SortedOrder` und `E_SortedDirection` werden nicht benötigt. Die Auswahl der Sortierung wird ausschließlich durch den Funktionsblock bestimmt, der an `Sort()` übergeben wird.

Wird eine neue Sortierung hinzugefügt, so ist es nicht notwendig schon vorhandene Elemente zu verändern oder anzupassen.

Das Beispiel steht für TwinCAT 3.1 auf GitHub zum Download bereit[20].

8.3 Analyse der Optimierung

Es gibt verschiedene Techniken, um einen bestehenden Funktionsblock funktional zu erweitern, ohne diesen verändern zu müssen. Neben der Vererbung, eine der Hauptmerkmale der objektorientierten Programmierung (OOP), stellen Schnittstellen evtl. eine bessere Alternative dar.

Bei der Verwendung von Schnittstellen ist die Entkopplung größer. Allerdings müssen beim Softwareentwurf die einzelnen Schnittstellen implementiert werden. Es muss also im Vorfeld überlegt werden, welche möglichen Bereiche durch Schnittstellen abstrahiert werden und welche nicht.

Aber auch bei Verwendung von Vererbung muss bei der Entwicklung eines Funktionsblocks überlegt werden, welche internen Elemente den abgeleiteten Funktionsblöcken per `PROTECTED` angeboten werden.

---

[20] https://github.com/StefanHenneken/Blog-2023-01-IEC61131-OCP-Sample04

8.4 Die Definition des Open/Closed Principle

Das *Open/Closed Principle* wurde im Jahr 1988 von Bertrand Meyer formuliert und besagt:

> *Eine Softwareentität sollte offen für Erweiterungen, aber zugleich auch geschlossen gegenüber Modifikationen sein.*

Softwareentität: Damit ist eine Klasse, Funktionsblock, Module, Methode, Service, ... gemeint.

Offen: Das Verhalten von Softwaremodule sollte erweiterbar sein.

Geschlossen: Eine Erweiterbarkeit soll nicht dadurch erreicht werden, indem bestehende Software verändert wird.

Als das *Open/Closed Principle* von Bertrand Meyer Ende der 80er definiert wurde, lag der Fokus auf der Programmiersprache C++. Er nutzte die in der objektorientierten Welt bekannte Vererbung. Die damals noch junge Disziplin der Objektorientierung versprach große Verbesserungen bei Wiederverwendbarkeit und Wartbarkeit dadurch, dass konkrete Klassen als Basisklassen für neue Klassen verwendet werden können.

Als Robert C. Martin in den 90er Jahren das Prinzip von Bertrand Meyer übernahm, setzte er es technisch anders um. C++ ermöglicht die Verwendung von Mehrfachvererbung, während in neueren Programmiersprachen Mehrfachvererbung eher selten anzutreffen ist. Aus diesem Grund setzte Robert C. Martin den Fokus auf die Verwendung von Schnittstellen. Weitere Informationen hierzu sind in dem Buch *Clean Architecture: Das Praxis-Handbuch für professionelles Softwaredesign* zu finden.

8.5 Zusammenfassung

Die Einhaltung des *Open/Closed Principle* birgt allerdings die Gefahr des Overengineering. Die Möglichkeit für Erweiterungen sollte nur dort implementiert werden, wo sie konkret benötigt wird. Eine Software lässt sich nicht so designen, dass jede denkbare Erweiterung umgesetzt werden kann, ohne dass Anpassungen an dem Quellcode notwendig sind.

9 Weitere Prinzipien

Damit ist die Vorstellung der SOLID-Prinzipien abgeschlossen. Neben den SOLID-Prinzipien gibt es allerdings noch weitere Prinzipien, die hier ebenfalls kurz vorgestellt werden. All diese Prinzipen haben das gemeinsame Ziel, die Wartbarkeit und die Wiederverwendbarkeit von Software zu verbessern.

9.1 Don't Repeat Yourself (DRY)

Das DRY-Prinzip besagt (wie der Name schon vermuten lässt), dass man Programmcode nicht unnötig duplizieren sollte. Stattdessen sollte eine Funktion nur einmal implementiert und an gewünschten Stellen im Programm aufgerufen werden.

Das DRY-Prinzip kann helfen, die Wartbarkeit von Code zu verbessern, da es einfacher wird, Änderungen an einer Funktion vorzunehmen, wenn sie nur an einer Stelle im Programmcode implementiert wurde. Außerdem kann das DRY-Prinzip dazu beitragen, Fehler im Programm zu reduzieren, da duplizierter Code oft zu unerwarteten Verhaltensweisen führt, wenn eine Änderung nur an einer der duplizierten Stellen vorgenommen wird. Somit ist das DRY-Prinzip ein wichtiger Grundsatz in der Softwareentwicklung, welcher zur Verbesserung der Codequalität beitragen kann.

Obwohl das DRY-Prinzip einfach zu verstehen und umzusetzen ist, ist es wahrscheinlich das am meisten missachtete Prinzip. Denn nichts ist einfacher, als Quellcode durch Copy & Paste zu wiederholen. Gerade dann, wenn der Zeitdruck besonders hoch ist. Deshalb sollte man sich immer bemühen, gemeinsam genutzte Funktionen in separate Module zu implementieren.

Das folgende kurze Beispiel zeigt die Anwendung des DRY-Prinzips. Ein SPS-Programm erhält von mehreren Sensoren unterschiedliche Temperaturwerte. Alle Temperaturwerte sollen in einem HMI angezeigt und in eine Log-Datei geschrieben werden. Damit die Temperaturwerte besser lesbar sind, soll die Formatierung in der SPS erfolgen:

```
FUNCTION F_DisplayTemperature : STRING
VAR_INPUT
   fSensorValue    : LREAL;
   bFahrenheit     : BOOL;
END_VAR
IF (fSensorValue > 0) THEN
   IF (bFahrenheit) THEN
      F_DisplayTemperature := CONCAT('Temperature: ',
            REAL_TO_FMTSTR(fSensorValue, 1, TRUE));
      F_DisplayTemperature := CONCAT(F_DisplayTemperature,
                  ' °C');
   ELSE
      F_DisplayTemperature := CONCAT('Temperature: ',
            REAL_TO_FMTSTR(fSensorValue * 1.8 + 32, 1, TRUE));
      F_DisplayTemperature := CONCAT(F_DisplayTemperature,
                  ' °F');
   END_IF
ELSE
   F_DisplayTemperature := 'No sensor data available';
END_IF
```

In diesem Beispiel wird die Funktion `F_DisplayTemperature()` nur einmal implementiert. Für die Formatierung der Temperaturwerte wird diese Funktion an den gewünschten Stellen im Programm aufgerufen. Durch das Vermeiden von dupliziertem Code wird das Programm übersichtlicher und einfacher zu lesen. Ist es z.B. notwendig die Anzahl der Nachkommerstellen zu verändern, so muss dieses nur an einer Stelle, nämlich in der Funktion `F_DisplayTemperature()`, erfolgen.

Neben den Einsatz von Funktionen kann auch die Vererbung helfen das DRY-Prinzip einzuhalten, indem eine Funktionalität in einen Basis-FB verlagert und von allen abgeleiteten FBs verwendet wird.

Es kann aber Fälle geben, in denen das DRY-Prinzip bewusst verletzt werden sollte. Dieses ist immer dann der Fall, wenn sich durch den Einsatz von DRY die Lesbarkeit des Quellcode verschlechtert. So ist für die Kreisberechnung die Formel für den Umfang ($U = 2r\pi$) oder für die Fläche ($A = r^2\pi$) ausreichend lesbar. Eine Auslagerung in separate Funktionen erhöht nicht die Codequalität, sondern nur die Abhängigkeit zu weiteren Modulen, in denen sich die Funktionen für die Kreisberechnung befinden. Stattdessen sollte für π eine globale Konstante angelegt und in den Berechnungen verwendet werden.

Zusammenfassend lässt sich sagen, dass das DRY-Prinzip dazu beiträgt, das Programmcode sauberer und kürzer wird, indem es die Duplizierung von Code vermeidet.

9.2 Law Of Demeter (LoD)

Das *Law of Demeter* ist ein weiteres Prinzip, dessen Beachtung die Kopplungen zwischen Funktionsblöcken deutlich minimieren kann. Das *Law of Demeter* legt fest, dass aus einem Funktionsblock (bzw. Methode oder Funktion) nur auf Elemente in unmittelbarer Nähe zugegriffen werden sollte. Konkret bedeutet dieses, dass nur Zugriffe auf die folgenden Elemente erlaubt sind:

- Variablen des eigenen Funktionsblocks (alles zwischen VAR/END_VAR)
- Methoden/Eigenschaften des eigenen Funktionsblocks
- Methoden/Eigenschaften der Funktionsblöcke die im eigenen Funktionsblock angelegt wurden
- Parameter die an Methoden oder Funktionsblöcke übergeben wurden (VAR_INPUT)
- Globale Konstanten oder Parameter die in einer Parameterliste enthalten sind

Das *Law of Demeter* könnte somit auch heißen: *Don't talk to strangers*. Als **Strangers** (Fremde) werden hierbei die Elemente bezeichnet, die nicht unmittelbar in dem Funktionsblock vorhanden sind. Im Gegensatz dazu, werden die eigenen Elemente **Friends** (Freunde) genannt.

Auch dieses Prinzip stammt aus den 1980iger Jahren, also aus der Zeit, in der die objektorientierte Softwareentwicklung stark an Popularität zugenommen hat. Der Name *Demeter* ist auf ein gleichnamiges Softwareprojekt zurückzuführen, in dem dieses Prinzip erstmal erkannt wurde (Demeter ist in der griechischen Mythologie die Schwester von Zeus und die Göttin der Landwirtschaft). Ende der 1980iger Jahre wurde dieses Prinzip von Ian Holland und Karl J. Lieberherr weiter ausgearbeitet und unter dem Titel *Assuring Good Style for Object-Oriented Programs* [21] veröffentlicht.

Die folgende Grafik soll das *Law of Demeter* etwas genauer verdeutlichen:

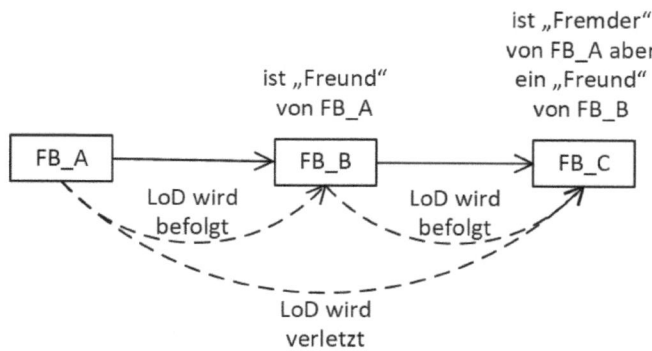

In FB_A ist eine Instanz von FB_B (fbB) enthalten. Deshalb kann FB_A direkt auf die Methoden und Eigenschaften von FB_B zugreifen.

FB_B enthält eine Instanz von FB_C. Deshalb kann FB_B direkt auf FB_C zugreifen.

FB_B könnte eine Eigenschaft oder eine Methode anbieten, welche die Referenz auf FB_C zurückgibt (refC). Ein Zugriff aus FB_A auf die Instanz von FB_C über FB_B wäre somit theoretisch möglich:

```
nValue := fbB.refC.nValue;
```

Die Instanz auf FB_C wird in FB_B angelegt. Wenn FB_A auf diese Instanz direkt zugreift, entsteht eine feste Kopplung zwischen FB_A und FB_C. Diese feste Kopplung kann zu Problemen bei der Pflege, Wartung und dem Testen des Programms führen. Wird FB_A getestet, so muss nicht nur FB_B vorhanden sein, sondern auch FB_C. Ein häufiges Verletzen des *Law of*

---

[21] https://homepages.cwi.nl/~storm/teaching/reader/LieberherrHolland89.pdf

Weitere Prinzipien

Demeter ist somit auch hilfreich bei der Früherkennung von Wartungsproblemen.

Auch das Anlegen einer entsprechenden lokalen Variablen, in der die Referenz auf `FB_C` abgelegt wird, löst das eigentliche Problem nicht:

```
refC     : REFERENCE TO FB_C;
refC REF= fbB.refC;
nValue := refC.nValue;
```

Auf dem ersten Blick sind diese Abhängigkeiten nicht immer zu erkennen, da der Zugriff auf `FB_C` indirekt über `FB_B` erfolgt.

Hierzu ein konkretes Beispiel, welches das Problem nochmal verdeutlicht und auch einen Lösungsansatz anbietet.

Mit den Funktionsblöcken `FB_Building`, `FB_Floor`, `FB_Room` und `FB_Lamp` wird die Struktur eines Gebäudes und dessen Beleuchtung abgebildet. Das Gebäude besteht aus 5 Etagen, in der sich jeweils 20 Räume befinden und jeder Raum enthält 10 Lampen.

In jedem Funktionsblock sind die entsprechenden Instanzen der darunterliegenden Elemente enthalten. Die Funktionsblöcke stellen jeweils eine Eigenschaft zur Verfügung, welche eine Referenz auf diese Elemente anbietet. `FB_Lamp` enthält die Eigenschaft `nPowerConsumption`, über der die aktuelle Leistungsaufnahme der Lampe ausgegeben wird.

Weitere Prinzipien

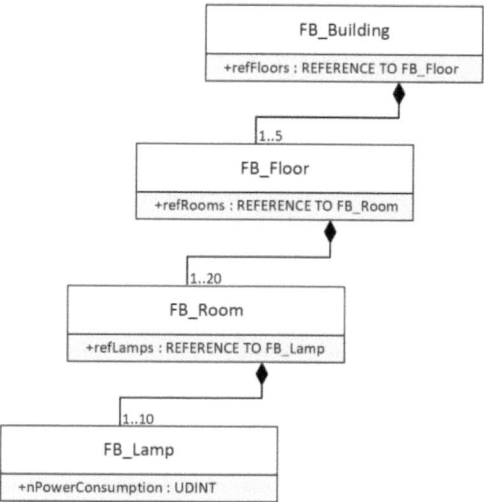

Es soll eine Funktion entwickelt werden, welche die Leistungsaufnahme aller Lampen in dem Gebäude ermittelt.

Ein Lösungsansatz könnte darin bestehen, dass über mehrere verschachtelte Schleifen auf jede einzelne Lampe zugegriffen und die Leistungsaufnahme addiert wird:

```
FUNCTION F_CalcPowerConsumption : UDINT
VAR_INPUT
  refBuilding              : REFERENCE TO FB_Building;
END_VAR
VAR
  nFloor, nRoom, nLamp     : INT;
END_VAR

IF (NOT __ISVALIDREF(refBuilding)) THEN
  F_CalcPowerConsumption := 0;
  RETURN;
END_IF
FOR nFloor := 1 TO 5 DO
  FOR nRoom := 1 TO 20 DO
    FOR nLamp := 1 TO 10 DO
      F_CalcPowerConsumption :=
                F_CalcPowerConsumption + refBuilding
                        .refFloors[nFloor]
                        .refRooms[nRoom]
```

Weitere Prinzipien

```
                        .refLamps[nLamp].nPowerConsumption;
        END_FOR
    END_FOR
END_FOR
```

Das „Eintauchen" in die Objektstruktur bis hinunter zu jeder Lampe wirkt schon irgendwie beeindruckend. Doch dadurch ist die Funktion abhängig von allen Funktionsblöcken, auch von denen, die nur indirekt über eine Referenz angesprochen werden.

Der Zugriff von `refBuilding` auf `refFloors` verstößt nicht gegen das *Law of Demeter*, da `refFloors` eine direkte Eigenschaft von `FB_Building` ist. Alle weiteren Zugriffe auf die Referenzen haben aber zur Folge, dass unsere Funktion auch von den anderen Funktionsblöcken abhängig wird.

Ändert sich z.B. die Struktur von `FB_Room` oder `FB_Floor`, so muss evtl. auch die Funktion zur Leistungsaufnahme angepasst werden.

Um das *Law of Demeter* einzuhalten, könnte jeder Funktionsblock eine Methode anbieten (`CalcPowerConsumption()`), in welcher die Leistungsaufnahme berechnet wird. In jeder dieser Methoden, wird wiederrum die darunter liegende Methode `CalcPowerConsumption()` aufgerufen:

Weitere Prinzipien

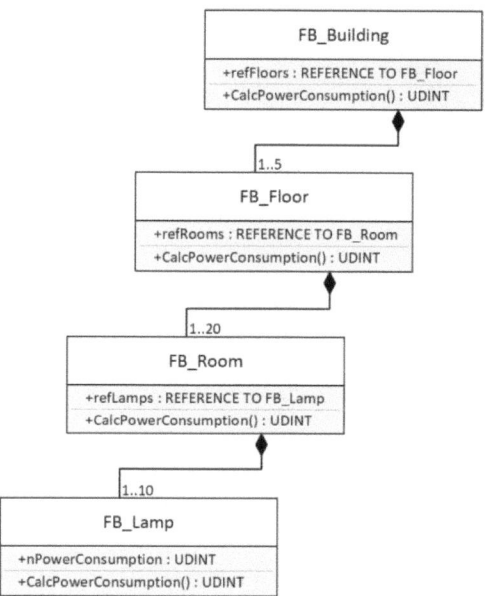

Die Methode `CalcPowerConsumption()` in `FB_Building` greift nur auf die eigenen Elemente zu. In diesem Fall auf die Eigenschaft `refFloors`, um darüber die Methode `CalcPowerConsumption()` von `FB_Floor` aufzurufen:

```
METHOD CalcPowerConsumption : UDINT
VAR
  nFloor   : INT;
END_VAR
FOR nFloor := 1 TO 5 DO
   CalcPowerConsumption := CalcPowerConsumption +
                  refFloors[nFloor].CalcPowerConsumption();
END_FOR
```

In `CalcPowerConsumption()` von `FB_Floor` wird wiederrum nur auf `FB_Room` zugegriffen:

```
METHOD CalcPowerConsumption : UDINT
VAR
  nRoom    : INT;
END_VAR
FOR nRoom := 1 TO 20 DO
   CalcPowerConsumption := CalcPowerConsumption +
```

Weitere Prinzipien

```
                        refRooms[nRoom].CalcPowerConsumption();
END_FOR
```

Zuletzt wird in `FB_Room` die Leistungsaufnahme aller Lampen in dem Raum berechnet:

```
METHOD CalcPowerConsumption : UDINT
VAR
    nLamp      : INT;
END_VAR
FOR nLamp := 1 TO 10 DO
    CalcPowerConsumption := CalcPowerConsumption +
                            refLamps[nLamp].nPowerConsumption;
END_FOR
```

Der Aufbau der Funktion `F_CalcPowerConsumption()` gestaltet sich dadurch deutlich einfacher:

```
FUNCTION F_CalcPowerConsumption : UDINT
VAR_INPUT
    refBuilding        : REFERENCE TO FB_Building;
END_VAR
IF (NOT __ISVALIDREF(refBuilding)) THEN
    F_CalcPowerConsumption := 0;
    RETURN;
END_IF
F_CalcPowerConsumption := refBuilding.CalcPowerConsumption();
```

`F_CalcPowerConsumption()` ist nach dieser Anpassung nur noch abhängig von `FB_Building` und dessen Methode `CalcPowerConsumption()`. Wie `FB_Building` in `CalcPowerConsumption()` die Leistungsaufnahme berechnet, ist für `F_CalcPowerConsumption()` ohne Bedeutung. Der Aufbau von `FB_Room` oder `FB_Floor` könnte sich komplett ändern, `F_CalcPowerConsumption()` müsste nicht angepasst werden.

Die erste Variante, in der durch alle Funktionsblöcke iteriert wurde, ist sehr anfällig gegenüber Änderungen. Egal bei welchem Funktionsblock sich der Aufbau ändert, eine Anpassung von `F_CalcPowerConsumption()` wäre jedes Mal notwendig.

Das Beispiel steht für TwinCAT 3.1 auf GitHub zum Download bereit[22].

Allerdings ist zu berücksichtigen, dass verschachtelte Strukturen durchaus Sinn ergeben. Hier muss das *Law of Demeter* nicht anwendet werden. So kann es hilfreich sein, die Konfigurationsdaten über mehrere Strukturen hierarchisch zu verteilen, um so die Lesbarkeit zu erhöhen.

9.3 Keep It Simple, Stupid (KISS)

Das KISS-Prinzip besagt, dass Code so „simple" wie möglich sein sollte, damit dieser möglichst einfach zu verstehen und somit effektiv zu warten ist. Hierbei sollte „simple" mit „schlicht" übersetzt werden. Damit ist eine Schlichtheit gemeint, die versucht Unnötiges wegzulassen aber weiterhin die Anforderungen des Kunden zu erfüllen. Durch die Beachtung des KISS-Prinzips wird ein System:

- einfach zu verstehen
- einfach zu erweitern
- einfach zu pflegen

Besteht die Anforderung darin zehn Millionen Datensätze zu sortieren, so wäre die Verwendung des Bubblesort-Algorithmus zwar einfach in der Umsetzung, doch wird die geringe Geschwindigkeit des Algorithmus nicht den Anforderungen des Kunden entsprechen. Es muss also immer eine Lösung gefunden werden, die den geforderten Erwartungen des Kunden entspricht und deren Umsetzung aber möglichst einfach (schlicht) ist.

Grundsätzlich sind zwei Arten von Anforderungen zu unterscheiden:

Funktionale Anforderung: Der Kunde bzw. Stakeholder fordert ein bestimmtes Leistungsmerkmal. Gemeinsam mit dem Kunden werden dann die genauen Anforderungen für dieses Leistungsmerkmal festgelegt und erst danach wird dieses implementiert. Funktionale Anforderungen erweitern

---

[22] https://github.com/StefanHenneken/SOLID-Book-LoD-Sample01

Weitere Prinzipien

eine Anwendung um eindeutige, von dem Kunden gewünschte, Funktionen (Leistungsmerkmale).

Nicht funktionale Anforderungen: Eine nicht funktionale Anforderung ist z.B. das Aufteilen einer Anwendung auf verschiedene Module oder das Vorsehen von Schnittstellen, um z.B. Unit-Tests zu ermöglichen. Nicht funktionale Anforderungen sind Leistungsmerkmale, die für den Kunden nicht unbedingt sichtbar sind. Diese können aber notwendig sein, damit das Softwaresystem gepflegt und gewartet werden kann.

Bei dem KISS-Prinzip geht es immer um die **nicht funktionalen Anforderungen**. Das „Wie" steht im Mittelpunkt. Also die Frage, wie die geforderten Funktionen erreicht werden. Das YAGNI-Prinzip, welches im folgenden Kapitel beschrieben wird, bezieht sich auf die **funktionalen Anforderungen**. Hier steht das „Was" im Mittelpunkt.

Das KISS-Prinzip kann auf mehrere Ebene angewendet werden:

Formatierung Quellcode

Der folgende Quellcode ist zwar sehr kompakt, doch wird hier das KISS-Prinzip verletzt, da dieser nur schwer zu verstehen und somit sehr fehleranfällig ist:

```
IF(x<=RT[k-1](o[n+2*j]))THEN WT[j+k](1 AND NOT S.Q);END_IF;
IF(x>RI[k+1](o[n+2*k]))THEN WO[j-k](1 OR NOT S.Q);END_IF;
```

Der Quellcode sollte so formatiert werden, dass der Ablauf besser erkannt wird. Auch sollten die Bezeichner für Variablen und Funktionen so gewählt werden, dass deren Bedeutung leichter zu verstehen ist.

Unnötiger Quellcode

Quellcode, der nicht dazu beiträgt, die Lesbarkeit zu verbessern, verletzt ebenfalls gegen das KISS-Prinzip:

```
bCalc := F_CalcFoo();
IF (bCalc = TRUE) THEN
  bResult := TRUE;
ELSE
```

```
  bResult := FALSE;
END_IF
```

Der Quellcode ist zwar gut strukturiert, auch wurden die Bezeichner so gewählt damit die Bedeutung leichter zu erkennen ist, doch kann der Quellcode deutlich reduziert werden:

```
bResult := F_CalcFoo();
```

Diese eine Zeile ist deutlich einfacher zu verstehen, wie die 6 Zeilen zuvor. Der Quellcode ist „schlichter", bei gleichem Funktionsumfang.

Softwaredesign / Softwarearchitektur

Auch das Design oder die Struktur einer Software kann gegen das KISS-Prinzip verstoßen. Wird z.B. für das Abspeichern von Konfigurationsdaten eine komplette SQL-Datenbank eingesetzt, obwohl eine Textdatei ausreichen würde, so wird ebenfalls das KISS-Prinzip verletzt.

Das Aufteilen eines SPS-Programms auf mehrere CPU-Cores ist nur dann sinnvoll, wenn es auch einen praktischen Nutzen hervorbringt. In einem SPS-Programm müssen in diesem Fall entsprechende Mechanismen eingebaut werden, um den Zugriff auf gemeinsame Ressourcen zu synchronisieren. Diese erhöhen die Komplexität des Systems erheblich und sollten nur dann zum Einsatz kommen, wenn die Anwendung dieses auch erfordert.

Ganz bewusst habe ich die beiden Kapitel zu dem KISS-Prinzip und zu dem YAGNI-Prinzip an das Ende des Buches gesetzt. Von hier aus möchte ich nochmal einen kurzen Rückblick auf den Anfang des Buches werfen.

Bei der Vorstellung der SOLID-Prinzipien habe ich gelegentlich auf die Gefahr des Overengineering hingewiesen. Abstraktionen sollten nur dann vorgesehen werden, wenn diese für die Umsetzung von Features notwendig sind.

Um dieses zu verdeutlichen, will ich das Beispiel für die Erklärung der SOLID-Prinzipien noch einmal verwenden.

Weitere Prinzipien

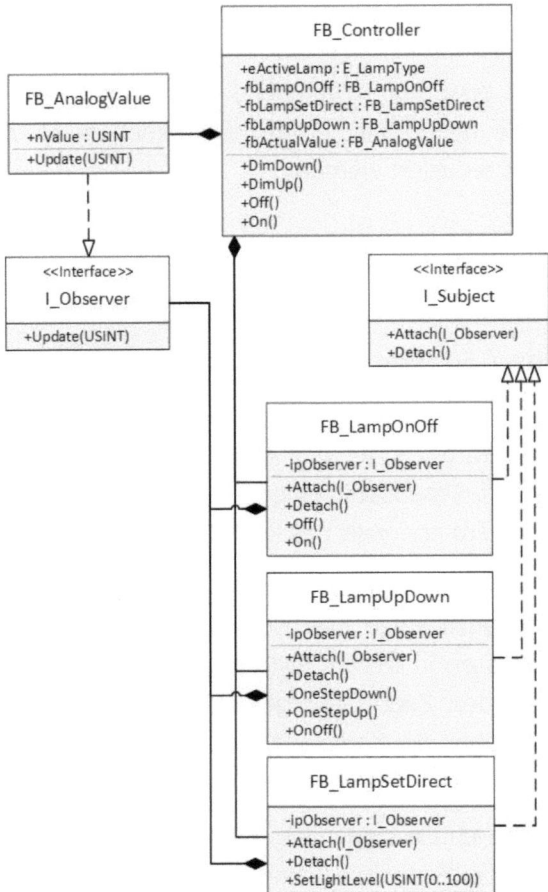

Zwischen den drei Lampentypen und dem Controller besteht eine feste Abhängigkeit. Soll die Anwendung um einen weiteren Lampentyp erweitert werden, so ist es notwendig das Programm an verschiedenen Stellen anzupassen. Durch das Anwenden des *Dependency Inversion Principle* und des *Single Responsibility Principle* wurde das Programm deutlich flexibler. Das Integrieren von zusätzlichen Lampentypen wurde dadurch signifikant vereinfacht. Aber auch die Komplexität des Programms wurde durch diese Anpassungen deutlich größer, wie das UML-Diagramm zeigt:

Weitere Prinzipien

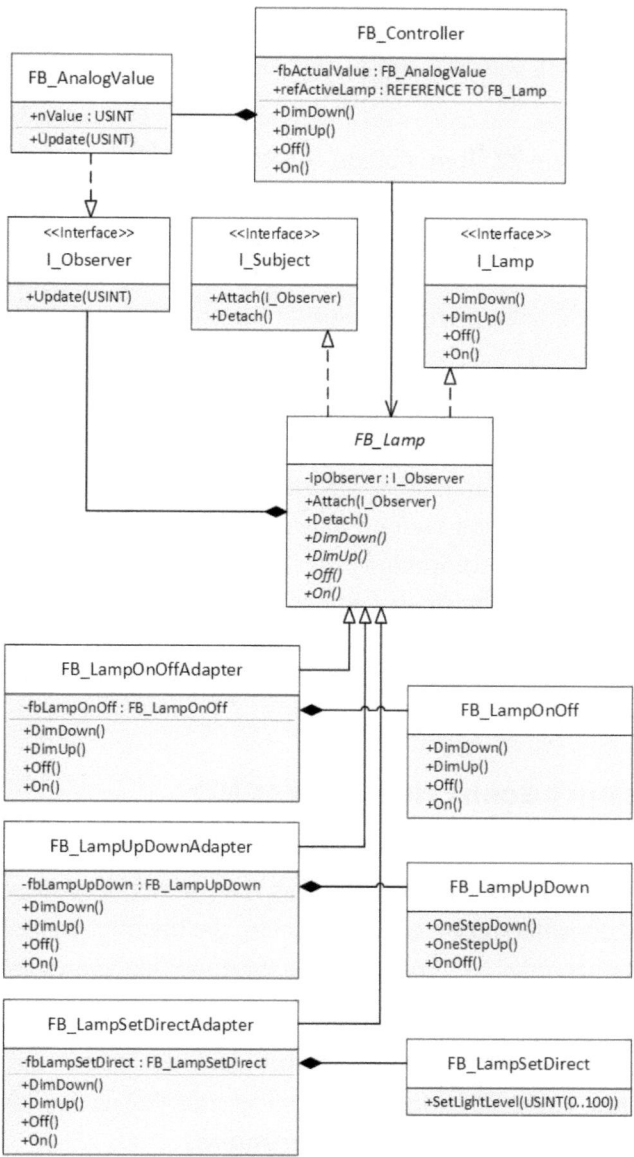

Bevor zusätzliche Abstraktionsebenen durch die Anwendung der SOLID-Prinzipien realisiert werden, sollte man den Mehraufwand immer kritisch hinterfragen.

Die erste Variante ist vom Aufbau vollkommen ausreichend, wenn das Programm in diesem Umfang ausschließlich in einem Projekt eingesetzt wird. Das Programm ist klein genug, um den Aufbau der Software zu verstehen und um kleine Anpassungen vorzunehmen. Das KISS-Prinzip wurde befolgt. Es wurde nicht mehr Komplexität als notwendig eingebaut.

Ist die erste Variante allerdings nur ein Zwischenschritt, z.B. bei der Entwicklung eines umfangreichen Lichtmanagementsystem, so ist damit zu rechnen, dass die Anwendung an Komplexität noch zunehmen wird. Auch ist es möglich, dass zu einem späteren Zeitpunkt die Entwicklung auf mehrere Personen verteilt werden muss. Der Einsatz von Unit-Tests ist ein weiterer Punkt, der die Umsetzung der SOLID-Prinzipien rechtfertigt. Ohne die Entkopplung der einzelnen Lampentypen durch Schnittstellen, ist der Einsatz von Unit-Tests nur schwer bzw. gar nicht möglich. Auch hier wird das KISS-Prinzip nicht verletzt. Das KISS-Prinzip muss somit immer im Kontext betrachtet werden.

9.4 You Ain't Gonna Need It (YAGNI)

YAGNI steht für *You Ain't Gonna Need It* und bedeutet frei übersetzt *Du wirst es nicht brauchen*. Es besagt, dass man in der Softwareentwicklung nur die Leistungsmerkmale realisieren sollte, die benötigt werden. Es sollen keine Funktionen oder Features implementiert werden, die vielleicht irgendwann einmal gebraucht werden könnten.

Im Gegensatz zu dem KISS-Prinzip, bei dem es immer um die **nicht funktionalen Anforderungen** geht, liegt der Fokus bei dem YAGNI-Prinzip auf den **funktionalen Anforderungen**.

Bei der Entwicklung von Software kann die Versuchung groß sein, zusätzliche Leistungsmerkmale ohne konkrete Anforderung zu implementieren. Das kann z.B. dann der Fall sein, wenn während der Entwicklung Leistungsmerkmale ohne Absprache mit dem Kunden implementiert werden, in dem festen Glauben, dass der Kunde diese später noch fordern wird.

Bezogen auf unsere obiges Beispiel, wird das YAGNI-Prinzip dann verletzt, wenn man die Betriebsstundenerfassung implementieren würde (siehe Kapitel 7 – *Das Interface Segregation Principle*), obwohl dieses vom Kunden nicht gefordert wurde.

Wird während der Entwicklung festgestellt, dass ein bestimmtes Leistungsmerkmal sinnvoll sein könnte, so sollte die Implementierung erst nach Absprache mit dem Kunden erfolgen. Ansonsten erhält ein System nach und nach immer mehr Quellcode für Leistungsmerkmale, die niemand benötigt.

Durch dieses Beispiel wird noch einmal deutlich, dass alle hier im Buch beschriebenen Prinzipien keine festen Regeln oder gar Gesetze sind. Die Prinzipien sind aber ein mächtiges Werkzeug, um die Codequalität von Software zu verbessern.

10 Stichwortverzeichnis

__QUERYINTERFACE() 57
Abhängigkeit 7, 16, 18, 23, 75
abstrakter Funktionsblock 16, 21, 23, 26, 28, 33, 38, 52, 58
Abstraktion 85
Abwärtskompatibel 27
Adapter 26, 28
Adapter Pattern 29, 34
Akteur 36
AND_THEN 44
Backing Variable 11, 19, 43, 52
Barbara Liskov 38, 48
Bertrand Meyer 72
C++ 72
Class 32
Class Responsibility Collaboration (CRC) 31
Codequalität 5, 74, 75, 89
Collaboration 32
Dependency Injection 18
Dependency Inversion Principle (DIP) 6, 7, 22
Design Pattern 4
Digital Addressable Lighting Interface (DALI) 39, 51
Don't Repeat Yourself (DRY) 74
Entkopplung 25, 36, 71, 88
Erweiterbarkeit 3, 15, 25, 60, 72
Erweiterungen 73
FB_init 43
funktionale Anforderungen 83, 88
Ian Holland 77
IEC 61131-3 .... 3, 17
Interface Segregation Principle (ISP) 6, 50, 58
ISO/OSI-Referenzmodell 37
Jakob Sagatowski 24
Karl J. Lieberherr 77
Keep It Simple, Stupid (KISS) 83

Stichwortverzeichnis

Kopplung	7, 16, 38, 59, 77
Law Of Demeter (LoD)	76
Liskov Substitution Principle (LSP)	5, 38, 48
Mehrfachvererbung	28, 72
Mocking-Object	24
Modul	36
monolithische Anwendung	61, 64
nicht funktionale Anforderungen	84, 88
objektorientierte Softwareentwicklung	3, 49, 71, 76
Objektstruktur	80
Observer Pattern	8
Open/Closed Principle (OCP)	5, 60, 72
Overengineering	23, 58, 73, 85
PROTECTED	67, 71
Referenz	4, 18, 25, 38, 68
Responsibility	32
Robert C. Martin	4, 22, 35, 49, 72
Schnittstelle	6, 8, 16, 60, 67, 71
Single Responsibility Principle (SRP)	5, 25, 35
Softwarearchitektur	49
Turing Award	48
UML-Diagramm	9, 20, 26, 40, 44, 62, 64, 86
Unit-Test	24, 84, 88
Vererbung	4, 26, 28, 46, 48, 49, 60, 64, 66, 72
Vererbungshierarchie	48, 49
Wartungsprobleme	78
You Ain't Gonna Need It (YAGNI)	88
Zuständigkeiten	16